LE NOUVEL ENTRAÎNEZ-VOUS

DELF
B1

200
activités

Anatole BLOOMFIELD

Anna MUBANGA BEYA

Alliance Française

CLE
INTERNATIONAL
www.cle-inter.com

Direction éditoriale : Michèle Grandmangin
Édition : Odile Tanoh
Maquette et mise en pages : Gildaz Mazurié
Couverture : Michel Munier
Illustrations : Slec(k) / Séverine Le Carret

AVANT-PROPOS

Le nouveau dispositif du DELF (diplôme d'études en langue française) a été officiellement modifié en septembre 2005. Depuis cette date, les unités capitalisables ont disparu. Aujourd'hui, le mot DELF ou DALF a valeur de diplôme. On distingue ainsi l'ordre ci-dessous pour le public adulte (les juniors ayant leur propre système) :
DELF A1 – DELF A2 ; DELF B1 – DELF B2 ; DALF C1 – DALF C2.

Les mentions A1, A2, B1, B2, C1, C2 correspondent aux échelles de niveaux du Cadre européen commun de référence (CECR), ce qui implique que les nouveaux diplômes sont calibrés sur ces échelles. Les épreuves proposées pour chacun des niveaux sont organisées sous forme de tâches à réaliser, telles que l'on pourrait avoir à les mettre en oeuvre dans la vie courante ou professionnelle.

Les examens du DELF sont offerts à tous ceux qui ont besoin d'une reconnaissance officielle de leur niveau en langue française. **Ce manuel correspond au DELF B1 qui présente des épreuves écrites et orales en réception et en production. Il correspond à un enseignement allant de 200 à 350 heures de français, selon le contexte et le rythme d'enseignement.** Les activités d'entraînement proposées sont destinées à un public de grands adolescents et d'adultes préparant ce diplôme dans une école de langue, au lycée ou à l'université. Elles offrent un équilibre entre toutes les activités de l'oral et de l'écrit.

En termes de compétences et de connaissances, le niveau B1 évalue une compétence d'utilisateur dit indépendant et correspond au niveau seuil. Le locuteur peut poursuivre une conversation en langue standard, assez longue, sur le plan personnel. Il peut donner son avis ou demander l'opinion de son interlocuteur ; il peut également prendre des initiatives, demander des précisions lors d'une interaction tout en restant dépendant de son interlocuteur. Il peut affronter toutes les situations de la vie quotidienne (durant un voyage touristique, dans les transports en commun, pour une location de logement, etc.), faire une réclamation et résoudre un conflit sur un aspect pratique de la vie courante.

L'objectif de cet ouvrage est de préparer à un diplôme dont la nature des épreuves est décrite dans le tableau de la page 4. Il permet à chacun de se mesurer aux difficultés et aux types d'épreuves, à son rythme, en lui faisant acquérir les éléments indispensables (grammaire, phonétique, communication orale et écrite…).

L'équipe qui a conçu cette préparation est composée d'enseignants et de spécialistes de l'évaluation en français, fortement impliqués dans le DELF et dans d'autres systèmes de certification. Il se sont appuyés sur leur expérience personnelle et ont intégré au plus près les indications et orientations du Conseil de l'Europe présentées par le biais du Cadre européen commun de référence et les référentiels pour les langues nationales et régionales, du ministère de l'Éducation nationale, de la Commission nationale et du Conseil d'orientation pédagogique du DELF et du DALF.

Les activités DELF B1 présentent donc tous les éléments indispensables pour une préparation efficace.

Isabelle NORMAND
Responsable du service Pédagogie et
Certifications de l'Alliance Française
de Paris

Richard LESCURE
Responsable de la filière Français comme langue
étrangère (Université d'Angers) ; président de Jury ;
membre du Conseil d'Orientation pédagogique du
DELF-DALF et du groupe d'experts pour la rénovation du DELF-DALF.

DIPLÔME D'ÉTUDES EN LANGUE FRANÇAISE

DELF B1
(NIVEAU B1 DU CADRE EUROPÉEN COMMUN DE RÉFÉRENCE POUR LES LANGUES)

DELF B1 : nature des épreuves	Durée	Note sur
Compréhension de l'oral Réponse à des questionnaires de compréhension portant sur 3 documents enregistrés (2 écoutes). *Durée maximale des documents : 6 min.*	0 h 25 (environ)	25

Compréhension des écrits
 	
Réponse à des questionnaires de compréhension portant sur 2 documents écrits :
   – dégager des informations utiles par rapport à une tâche donnée,
   – analyser le contenu d'un document d'intérêt général
	0 h 35	25

Production écrite Expression d'une attitude personnelle sur un thème général (essai, courrier, article...).	0 h 45	25

Production orale
 	
Épreuve en 3 parties :
   – entretien dirigé,
   – exercice en interaction,
   – expression d'un point de vue à partir d'un document déclencheur.
	0 h 15 environ (préparation : 0 h 10 – ne concerne que la 3ᵉ partie de l'épreuve)	25

Durée totale des épreuves collectives : 1 h 45.

Note totale sur 100 **Seuil de réussite : 50/100** **Note minimale requise par épreuve : 05/25**

SOMMAIRE

COMPRÉHENSION ORALE

CHAPITRE 1
ACTIVITÉS D'ÉCOUTE ET DE COMPRÉHENSION DE L'ORAL

➤ *Description des activités*

Les activités proposées pour le travail de la « Compréhension de l'oral » sont organisées en quatre parties :

1. Écoute et compréhension générale d'un document
2. Écouter et comprendre des interactions entre locuteurs natifs
3. Écouter et comprendre des exposés, des présentations
4. Écouter et comprendre des annonces, des messages, des instructions, des programmes de radio et des enregistrements

Vous écouterez différents types de documents correspondant à des extraits de conversations, discussions, entretiens, exposés, présentations, annonces, messages, instructions, programmes radiophoniques.

Ces documents font référence aux quatre domaines : **personnel, public, professionnel, éducatif.**

À l'aide de ces documents vous vous entraînerez à :

- identifier différents types de documents sonores ;
- mettre en relation un document sonore à un type de situation d'oral ;
- identifier le destinataire du message ;
- repérer les personnages d'une situation ;
- caractériser le type de relation entre les personnages ;
- préciser l'intention d'un message ;
- comprendre et repérer les informations générales et précises d'une situation ;

➤ *Démarche*

Afin de réussir cette partie «Compréhension de l'oral», vous devrez travailler et développer votre capacité d'écoute active pour :

- **comprendre de manière globale** c'est-à-dire comprendre des informations principales ;

- **comprendre de manière détaillée,** c'est-à-dire comprendre des informations précises qui complètent les informations principales ;

• **utiliser ce que vous avez compris** afin de :
  – tirer une conclusion, tirer une conséquence, faire une déduction,
  – prendre, modifier, adapter vos décisions,
  – agir et réagir (planifier, modifier, adapter vos actions).

➤ *Déroulement des épreuves*

Dans cette partie « Compréhension de l'oral » de l'examen du DELF B1, vous entendrez **trois types de documents sonores.**

• Pour le premier et le deuxième document, lisez d'abord les questions.
Ensuite :
  – vous entendrez une première fois le document, puis vous aurez 30 secondes de pause pour commencer à répondre aux questions ;
  – vous entendrez une seconde fois le document, puis vous aurez une minute de pause pour compléter vos réponses.

• Pour le troisième document sonore, vous aurez une minute pour lire les questions.
Ensuite :
  – vous entendrez une première fois le document, puis vous aurez une pause de trois minutes pour commencer à répondre aux questions ;
  – vous entendrez une seconde fois le document, puis vous aurez encore deux minutes pour compléter vos réponses.

1- Compréhension générale d'un document

activité 1 👂 Écoutez les six documents enregistrés et indiquez le numéro du document correspondant à la situation.

messagerie téléphonique	information sportive	entretien d'embauche	annonce commerciale	exposé	conversation amicale
....	....	....	....	....	....

activité 2 👂 Quel est le type de relation entre les personnes ? Écoutez et répondez, puis cochez deux possibilités :

❑ formelle

❑ informelle

❑ conflictuelle

❑ détendue

activité 3 👂 Écoutez et répondez.

1. Les personnes que vous entendez sont en contact pour la première fois :

❑ vrai

❑ faux

❑ la situation ne permet pas de le savoir

2. La relation entre les personnes est…

❑ formelle

❑ informelle

❑ professionnelle

❑ amicale

activité 4 👂 Écoutez et répondez.

Les personnes

❑ plaisantent entre elles

❑ se disputent entre elles

❑ sont d'accord entre elles

activité 5 👂 Écoutez et répondez.

1. Les personnes parlent de…

❑ loisir sportif

❑ loisir artistique

❑ loisir touristique

2. Les personnes discutent de ce sujet de manière informelle :

❑ vrai

❑ faux

❑ on ne peut pas le savoir

activité 6 🔊 Réécoutez les documents des activités 2-3-4-5. Dans quel lieu ces conversations se sont-elles passées ?

La conversation s'est passée...	sur un lieu de vacances	dans un studio de télévision	dans une entreprise, devant des collaborateurs	dans le bureau d'un chargé de recrutement
Document activité n°...	....	....	....	....

activité 7 🔊 Écoutez et trouvez l'intention de la personne qui parle.

L'intention de la personne qui parle est de ...	Doc. n° 1	Doc. n° 2	Doc. n° 3	Doc. n° 4	Doc. n° 5
convaincre l'autre					
obtenir un remboursement					
prévenir des gens					
prendre des précautions					
obtenir une indication de temps					

2- Écouter et comprendre des locuteurs natifs

DOCUMENT SONORE N° 1
🔊 Écoutez et répondez.

activité 8 **1.** Les personnes se connaissent.

❏ vrai
❏ faux
❏ on ne peut pas savoir

2. De quelle manière les personnes parlent-elles entre elles ? Cochez la proposition exacte.

❏ formelle
❏ formelle et agressive
❏ informelle
❏ informelle et agressive

activité 9 **1.** Où se passe la situation ?

	oui	non
au bureau, pendant la journée	❏	❏
au bureau, tard le soir	❏	❏
chez les personnes, le soir	❏	❏
chez les personnes, pendant la nuit	❏	❏

2. À quelle heure Samuel téléphone-t-il à Karim ?

....

activité 10

1. Samuel est journaliste reporter...

❏ pour un magazine télévisé
❏ pour un magazine à la radio
❏ pour un magazine de presse

2. Samuel :

❏ est très en retard avec son travail
❏ cherche et ne retrouve plus des documents importants
❏ a un problème avec son ordinateur

3. Samuel appelle Karim parce que celui-ci :

❏ peut l'aider à terminer son travail
❏ a des compétences techniques en informatique
❏ sait où se trouvent les documents

4. Pour quand Samuel doit-il rendre son travail ?

....

activité 11 Reliez avec des flèches les affirmations qui correspondent à Karim.

Karim...

- **a.** est très content d'avoir Samuel au téléphone
- **b.** refuse d'écouter et d'aider Samuel
- **c.** est très surpris d'avoir Samuel au téléphone
- **d.** n'aime pas qu'on téléphone chez lui
- **e.** trouve que Samuel ne téléphone pas au bon moment
- **f.** accepte d'écouter et d'aider Samuel

DOCUMENT SONORE N° 2
🎧 Écoutez et répondez.

activité 12

Affirmations	vrai	faux	on ne sait pas
a. Les personnes sont en contact pour la première fois.	❏	❏	❏
b. Les personnes se connaissent depuis très longtemps.	❏	❏	❏
c. Les personnes donnent l'impression de bien se connaître.	❏	❏	❏
d. Les personnes se parlent de manière formelle.	❏	❏	❏
e. La conversation entre les personnes est grave et sérieuse.	❏	❏	❏
f. Les personnes donnent l'impression de passer un bon moment ensemble.	❏	❏	❏
g. Les personnes vont bientôt se revoir	❏	❏	❏

activité 13

1. Cochez les affirmations qui correspondent à la situation.

a. ❏ Les personnes vont se revoir samedi soir.
b. ❏ Les personnes se disputent entre elles.
c. ❏ Les personnes plaisantent entre elles.
d. ❏ Une des personnes exprime son insatisfaction.

e. ❏ Les personnes écoutent et se moquent méchamment.

f. ❏ Une invitation est proposée.

g. ❏ Une des personnes demande des conseils.

h. ❏ Chaque personne expose ses problèmes.

i. ❏ Les personnes parlent d'activités de loisirs.

j. ❏ Des personnes demandent des nouvelles de quelqu'un.

2. Numérotez les affirmations sélectionnées dans l'ordre chronologique de la situation.

....

activité 14

1. Une des personnes...

	vrai	faux	on ne sait pas
a. est fatiguée car elle a eu beaucoup de travail ces derniers mois	❏	❏	❏
b. est fatiguée parce qu'elle a trop lu de livres de littérature du XVIIe siècle	❏	❏	❏
c. souhaite changer de rythme de vie	❏	❏	❏
d. souhaite vivement se reposer et retrouver des activités de loisirs	❏	❏	❏
e. va bientôt partir en vacances	❏	❏	❏

2. Depuis combien de temps cette personne ne s'est-elle pas retrouvée entre amis?

....

**3. Dites tout ce que cette personne n'a pas pu faire pendant tout ce temps ?
Répondez en faisant une phrase.**

....
....
....
....

activité 15

Dans la conversation, des activités de loisirs sont mentionnées. Lesquelles ? Soulignez-les.
les voyages / le théâtre / la musique / le cinéma / la lecture de livres de littérature / la lecture de livres de philosophie / la lecture de magazines /les sorties avec des amis / le sport / les restaurants

🎧 **DOCUMENT SONORE N° 3**

activité 16

1. Vous venez d'entendre...

❏ un débat

❏ une conversation professionnelle

❏ une négociation commerciale

2. Le thème de la discussion porte sur...

❏ les sciences humaines

❏ la recherche et l'innovation dans les biotechnologies

❏ les ressources humaines

activité 17

D'après les deux personnes…	oui	non	on ne sait pas
1. faut-il développer le département Ressources humaines de leur entreprise ?	❏	❏	❏
2. faut-il centrer l'activité de leur entreprise sur la recherche et l'innovation dans les biotechnologies ?	❏	❏	❏
3. faut-il diminuer le nombre des salariés de l'entreprise ?	❏	❏	❏
4. les ressources humaines rapportent-elles de l'argent à leur entreprise ?	❏	❏	❏
5. faut-il contacter d'autres sociétés pour développer les ressources humaines dans leur entreprise ?	❏	❏	❏

activité 18

1. Reliez avec des flèches les affirmations qui correspondent au nouveau directeur :

Le nouveau directeur...

- **a.** a pris une décision ferme
- **b.** a simplement exprimé un point de vue
- **c.** n'est pas apprécié par les deux personnes
- **d.** aura l'occasion de reparler du sujet
- **e.** est considéré comme une personne autoritaire

2. Quand les personnes rediscuteront-elles probablement de cette question ?

....

....

3- Écouter et comprendre des exposés, des présentations

🎧 DOCUMENT SONORE N° **1**

activité 19 De quel genre de document s'agit-il ?

	oui	non
d'un reportage radio ?	❏	❏
d'une annonce publique ?	❏	❏
d'un cours ?	❏	❏
d'une visite touristique guidée ?	❏	❏

activité 20

1. La personne parle d'un sujet à caractère…

- ❏ géographique
- ❏ météorologique
- ❏ écologique

2. De quel pays est-il question ? ....

....

3. La personne parle de

- ❏ la densité des paysages
- ❏ la diversité des paysages
- ❏ la différence des paysages

activité 21 Reliez avec des flèches les affirmations qui correspondent à la personne qui parle.

La personne qui parle...

- **a.** donne des informations
- **b.** fait de la publicité
- **c.** fait une description
- **d.** fait une conférence
- **e.** présente un programme de visite

activité 22 **1.** La personne parle de certains types de paysages. Lesquels ? Entourez-les.

des plateaux / des plaines / des plages / des fleuves / des montagnes / des mers

2. Par quoi commence-t-elle ?

....

....

3. Par quoi finit-elle ?

....

....

🎧 DOCUMENT SONORE N° 2

activité 23 **1.** Vous venez d'entendre un document rapportant :

❏ un fait divers
❏ une information financière
❏ une affaire criminelle

2. Choisissez dans la liste le terme correspondant au sujet du document. Soulignez-le.

enlèvement / braquage / abandon / disparition / fortune

activité 24

Maximilien Legrand...	vrai	faux	on ne sait pas
a. travaille à la Poste	❏	❏	❏
b. habite à Fontainebleau	❏	❏	❏
c. est un gagnant du Loto	❏	❏	❏
d. a cambriolé une banque	❏	❏	❏
e. a toute sa famille à Versailles	❏	❏	❏
f. n'a pas d'amis	❏	❏	❏
g. n'a pas de famille en France	❏	❏	❏
h. a été enlevé	❏	❏	❏
i. a reçu un chèque	❏	❏	❏

activité 25 **1.** Quel est le montant du chèque ? ....

....

2. Que sait-on de ce chèque? ....

....

3. Qu'est-ce que Maximilien Legrand a fait avec ses comptes bancaires ?

....

....

🎧 **DOCUMENT SONORE N° 3**

activité 26

Il s'agit...	vrai	faux
d'un cours de grammaire française	❑	❑
d'une conférence-débat	❑	❑
d'une conversation entre amis	❑	❑

activité 27

La situation se passe-t-elle...	oui	non
avant un cours de grammaire ?	❑	❑
avant une conférence ?	❑	❑
après un cours de grammaire ?	❑	❑
après une conférence ?	❑	❑
pendant une conversation entre amis ?	❑	❑

activité 28

1. La première personne qu'on entend...

❑ n'est pas satisfaite de ce qu'a dit l'autre personne
❑ demande des précisions
❑ proteste contre l'autre personne

2. Quelle est la profession de la deuxième personne qu'on entend ?

❑ animatrice d'un programme de radio
❑ conférencière
❑ organisatrice d'une conférence

activité 29

1. Les personnes parlent d'un sujet

❑ artistique
❑ politique
❑ historique

2. De quel sujet est-il question ? ....
....

3. Quelle est la question de la première personne qui parle ?
....
....

activité 30

Au XVIIᵉ siècle, le rôle de l'Académie Française était de...	Aujourd'hui, l'Académie Française a le même rôle mais en plus, elle...
a. fixer la langue française	....
b. instituer les règles officielles de grammaire et de vocabulaire	....
c. composer un dictionnaire et de rédiger une grammaire	....

4- Écouter et comprendre des annonces, des messages, des instructions, des programmes de radio et des enregistrements

🎧 DOCUMENT SONORE N° 1

activité 31

1. Ce que vous venez d'entendre est :

❑ un message publicitaire
❑ un message public
❑ un message d'information journalistique

2. Ce message s'adresse :

❑ à des consommateurs
❑ à des voyageurs
❑ à des touristes

3. Ce message est diffusé pour la première fois :

❑ vrai
❑ faux
❑ on ne sait pas

4. Où peut-on entendre ce message ?

❑ dans un supermarché
❑ dans la rue
❑ dans le métro

activité 32

1. Ce message a pour but :

❑ d'annoncer un projet de grève dans les transports en commun
❑ d'informer des problèmes de transport en commun
❑ d'inviter les gens à faire la grève dans les transports en commun

2. Quel mode de transport est-il possible d'utiliser ?

....
....
....

activité 33

1. Cochez les affirmations correspondant au message.
Dans le message…

a. ❑ on fait des recommandations aux gens
b. ❑ on annonce que le trafic sera nul dans les transports en commun
c. ❑ on exprime des excuses
d. ❑ on précise que tous les trains auront 50 minutes de retard
e. ❑ on informe d'un incident technique dans les transports en commun
f. ❑ on précise qu'un train passera environ toutes les 50 minutes
g. ❑ on annonce des perturbations dans les transports en commun

2. Retrouvez l'ordre des informations entendues et écrivez-les.

....
....
....

🎵 DOCUMENT SONORE N° **2**

activité 34

1. Ce document sonore est ...

❑ un cours sur le climat en France
❑ un message de sécurité routière
❑ un bulletin météorologique

2. Le message du document concerne ...

❑ la journée d'hier
❑ la journée d'aujourd'hui
❑ la journée de demain

activité 35

1. Que fait la personne qui parle ?

2. Quelles sont ses intentions ? Reliez les deux colonnes.

La personne qui parle...		Elle a l'intention de...
1. fait de la publicité pour les sports d'hiver	❑	❑ **a.** faire la publicité de la chaîne de radio Belle France Radio
		❑ **b.** avertir d'un danger
2. donne des conseils de prudence	❑	❑ **c.** créer un élan d'entraide et de solidarité nationales en faveur des personnes sans domicile
3. est membre d'une association humanitaire	❑	❑ **d.** faire modifier le comportement des automobilistes
4. fait des recommandations	❑	❑ **e.** encourager les gens à profiter des conditions climatiques pour aller aux sports d'hiver
5. donne des numéros de téléphone utiles	❑	❑ **f.** venir en aide aux personnes en difficulté
		❑ **g.** augmenter le nombre des inscriptions dans les associations humanitaires

activité 36

1. Quels phénomènes sont mentionnés ?
Entourez-les.

inondations / baisse des températures / soleil et chaleur /anticyclone /verglas / raz-de-marée / chutes de neige / tempête de neige / perturbation

2. Quelle partie de la France sera touchée par ces phénomènes climatiques ?
....
....

3. Dans quelle partie de la France fera-t-il le plus froid ?
....
....

🕮 DOCUMENT SONORE N° 3

activité 37

1. Vous venez d'entendre :

❑ une annonce publique
❑ un bulletin d'information
❑ des instructions sur une messagerie téléphonique

2. La personne que vous avez entendue travaille dans le domaine :

❑ scientifique
❑ juridique
❑ financier

activité 38

Selon le message, mademoiselle Flament devra…	vrai	faux	on ne sait pas
a. contacter une entreprise	❑	❑	❑
b. changer un rendez-vous	❑	❑	❑
c. prendre un rendez-vous pour la semaine prochaine	❑	❑	❑
d. réserver un taxi	❑	❑	❑
e. préparer des documents	❑	❑	❑
f. donner une réponse positive à une invitation	❑	❑	❑
g. traiter de la correspondance	❑	❑	❑
h. appeler la personne qui laisse le message	❑	❑	❑

activité 39

1. Quand la personne sera-t-elle joignable au téléphone ? ....

2. À quelle heure reviendra-t-elle ? ....

🕮 DOCUMENT SONORE N° 4

activité 40

1. Ce que vous venez d'entendre est :

❑ un message publicitaire
❑ une notice d'utilisation
❑ un compte-rendu de recherche scientifique

2. Le document parle-t-il…	oui	non	on ne sait pas
a. d'une découverte scientifique ?	❑	❑	❑
b. d'un objet multimédia pour les professionnels exclusivement ?	❑	❑	❑
c. d'un objet multimédia pour le grand public ?	❑	❑	❑
d. d'une innovation technologique majeure ?	❑	❑	❑

activité 41

1. Retrouvez les caractéristiques techniques de l'appareil dans la grille.

le nouveau OKIAN 7750 permet ...			
a. de gérer des messages électroniques		e. de regarder des DVD	
b. d'envoyer des fax		f. de téléphoner	
c. d'écouter de la musique		g. de filmer	
d. de prendre des photos			

2. Quel et le prix du nouveau OKIAN 7750 ? ....

🎧 DOCUMENT SONORE N° **5**

activité 42

Vous venez d'entendre...	vrai	faux
a. un reportage touristique	❏	❏
b. un message public	❏	❏
c. une publicité d'agence de voyage	❏	❏
d. un programme radio	❏	❏

activité 43

La personne que vous entendez...	oui	non	on ne sait pas
a. parle-t-elle de son sujet de façon positive ?	❏	❏	❏
b. présente-t-elle un reportage ?	❏	❏	❏
c. donne-t-elle des informations pratiques ?	❏	❏	❏
d. a-t-elle l'intention de stimuler la curiosité des gens qui l'écoutent ?	❏	❏	❏
e. propose-t-elle un voyage en Inde ?	❏	❏	❏
f. est-elle une spécialiste de l'Inde ?	❏	❏	❏

activité 44

1. La personne que vous entendez parle...

❏ d'une école de cuisine indienne

❏ d'un restaurant spécialisé dans la cuisine indienne

❏ d'un magasin spécialisé dans des produits d'origine indienne

2. D'après ce que vous avez entendu, qu'est-ce qu'un client peut acheter ? Complétez le tableau.

On peut acheter...	oui	non	on ne sait pas
a. des séjours en Inde	❏	❏	❏
b. des bijoux indiens	❏	❏	❏
c. de l'encens parfumé à la cannelle	❏	❏	❏
d. des vêtements traditionnels	❏	❏	❏
e. des fruits exotiques : mangues, fruits de la passion...	❏	❏	❏
f. des tissus traditionnels	❏	❏	❏
g. des sorbets aux fruits de la passion	❏	❏	❏
h. des épices	❏	❏	❏
i. du thé	❏	❏	❏
j. du café	❏	❏	❏

activité 45

1. Quelle est la date d'ouverture mentionnée ?

....

2. Quels sont les jours de fermeture mentionnés ?

....

3. Quel est le numéro de téléphone donné et à quoi sert-il ?

a. : ....

b. : ....

🎧 DOCUMENT SONORE N° **6**

activité 46

1. Vous venez d'entendre…

❑ un entretien d'embauche
❑ une conversation entre amis
❑ une interview

2. La situation se passe…

❑ dans le bureau d'une entreprise
❑ à la radio
❑ dans la rue

activité 47

1. Classez de 1 à 3 les motivations d' Orianne Barandier pour créer son entreprise.

par défi personnel : ....
par vocation et désir personnel : ....
par nécessité : ....

2. Quelles sont les raisons d'Orianne Barandier de créer son entreprise ?

a. : ....
b. : ....

activité 48

1. L'entreprise EXECO d' Orianne Barandier existe

depuis ....

2. Quels articles cette entreprise distribue t-elle ?

❑ de l'alimentation
❑ des vêtements
❑ des articles manufacturés

3. Citez trois valeurs défendues par l'entreprise d' Orianne Barandier

a. : ....
b. : ....
c. : ....

activité 49

1. L'entreprise d' Orianne Barandier fait-elle des bénéfices?

❑ oui
❑ non
❑ on ne sait pas

2. Situation actuelle de la société EXECO d'Orianne Barandier. Complétez.

Nombre de salariés	
Nombre d'entreprises	
Nombre de villes d'implantation	
Montant du chiffre d'affaires	
Bénéfice net	

ÉPREUVES TYPES

➤ Activité 50

🦻 DOCUMENT SONORE N° 1

1. Quel est le thème de la conversation?

❏ les Jeux olympiques

❏ la médecine sportive

❏ la finale d'une course d'athlétisme

2. Qui est Christine?

❏ une entraîneur de sport

❏ une athlète de haut niveau

❏ une spécialiste de médecine sportive

3. Complétez le tableau.

Plus précisement les personnes parlent...	Vrai	Faux	On ne peut pas l'affirmer
a. des risques d'accidents liés au sport en général			
b. de la condition physique et mentale de Christine			
c. d'une blessure que Christine s'est faite			
d. de la condition physique et mentale des athlètes internationales			
e. de certaines conclusions personnelles tirées par Christine			
f. des problèmes d'organisation des championnats du monde			

4. Que s'est-il passé il y a un mois et à quel endroit ?

Réponse :

....

....

5. Reliez les affirmations qui correspondent à Christine.

Christine...

• **a.** s'est sentie déstabilisée après un problème physique.

• **b.** est en bonne condition mentale.

• **c.** se montre sûre d'elle-même et pense que la victoire sera facile.

• **d.** est en excellente condition physique.

• **e.** pense que la compétition sera difficile mais reste optimiste.

• **f.** continuera de donner le maximum d'elle-même quand elle s'entraînera.

6. Pour quelles personnes Christine aura-telle une pensée particulière en cas de victoire ? Entourez les bonnes réponses.

Son petit ami / les athlètes concurrentes / les médecins sportifs / ses parents / son entraîneur

🎧 DOCUMENT SONORE N° 2

1. Vous venez d'entendre…

❏ un compte rendu de réunion
❏ un message publicitaire
❏ un reportage radio

2. À quel événement se passant à Paris le document fait-il référence ?

Réponse :

....

3. Complétez le tableau.

Le document parle…	Vrai	Faux	On ne peut pas l'affirmer
a. d'un type de tourisme traditionnel			
b. d'une nouvelle catégorie de voyages touristiques			
c. d'une nouvelle politique de développement du tourisme			

4. Mettez en relation les éléments correspondants.

1. la formule du voyage organisé en groupe…

2. le tourisme solidaire ou tourisme citoyen…

- **a.** va bientôt disparaître
- **b.** permet aux touristes de contribuer au développement du pays de destination
- **c.** reste une manière de voyager très appréciée
- **d.** permet de créer des liens entre les touristes et les habitants du pays
- **e.** commence à se développer
- **f.** met l'accent sur la qualité des conditions matérielles et la variété des visites

5. Complétez le tableau.

	Agence Solid'Air	Mondalliances Tours
Propose un voyage d'une durée de…		
Destination		
Activités		
Projet solidaire		

🎧 DOCUMENT SONORE N° 3

1. Vous venez d'écouter…

❏ un reportage
❏ un message publicitaire
❏ une annonce

2. Scolarium est une entreprise du secteur…

❏ culturel public
❏ éducatif public
❏ éducatif privé

3. Reliez les éléments qui correspondent à la société SCOLARIUM.

SCOLARIUM…

- **a.** propose un emploi du temps flexible.
- **b.** assure une formation spécialisée gratuite.
- **c.** permet de travailler à proximité de son domicile.
- **d.** garantit une progression de carrière stimulante.
- **e.** paie ses salariés de manière intéressante.
- **f.** ne recrute que sous contrats à plein temps.

4. Complétez le tableau.

Pour travailler à Scolarium, il faut…	Vrai	Faux	Le document ne le dit pas
a. avoir travaillé dans une université pendant au moins 3 ans.			
b. avoir déjà enseigné pendant au moins 3 ans.			
c. avoir au minimum un diplôme de trois années universitaires.			
d. accepter obligatoirement un emploi du temps flexible.			
e. aimer aider les autres.			

5. Quels documents doit envoyer une personne qui veut travailler pour Scolarium ?
....

6. D'après le document une personne qui travaille pour Scolarium doit être :

courageuse / persévérante / patiente / persuasive / écoutante / indépendante / dynamique

7. Comment peut-on contacter la société Scolarium pour y travailler?

a. ....
b. ....
c. ....

8. Quel est le numéro de téléphone donné dans le document ?

Réponse : ....

AUTO-ÉVALUATION

Vous avez fait les activités d'écoute et de compréhension orale du DELF B1.

Dites ce que vous êtes capable de faire !

Si vous répondez « pas très bien » ou « pas bien du tout », refaites les activités de la partie concernée.

	Très bien	Assez bien	Pas très bien	Pas bien du tout
➤ 1. Écoute et compréhension générale d'un document				
Je peux comprendre et dire de quel type de document il s'agit.	❏	❏	❏	❏
Je peux comprendre et dire où la situation se passe.	❏	❏	❏	❏
Je peux comprendre et dire quand la situation se passe.	❏	❏	❏	❏
Je peux identifier les personnes d'une situation.	❏	❏	❏	❏
Je peux caractériser le type de relation entre les personnes.	❏	❏	❏	❏
Je peux identifier et comprendre l'information principale.	❏	❏	❏	❏
➤ 2. Écouter et comprendre des interactions entre locuteurs natifs				
Je peux comprendre et dire où une conversation se passe.	❏	❏	❏	❏
Je peux comprendre et dire quand une conversation se passe.	❏	❏	❏	❏
Je peux identifier les personnes d'une conversation.	❏	❏	❏	❏
Je peux caractériser le type de relation entre les personnes d'une conversation.	❏	❏	❏	❏
Je peux caractériser la manière dont les personnes se parlent dans une conversation.	❏	❏	❏	❏
Je peux identifier et comprendre le sujet principal d'une conversation.	❏	❏	❏	❏
Je peux identifier et comprendre des informations précises dans une conversation.	❏	❏	❏	❏
➤ 3. Écouter et comprendre des exposés, des présentations				
Je peux comprendre et dire où la situation se passe.	❏	❏	❏	❏
Je peux comprendre et dire quand la situation se passe.	❏	❏	❏	❏
Je peux identifier les personnes qui parlent.	❏	❏	❏	❏
Je peux donner des informations sur les personnes qui parlent.	❏	❏	❏	❏
Je peux comprendre l'intention des personnes qui parlent.	❏	❏	❏	❏
Je peux comprendre le thème dont les personnes parlent.	❏	❏	❏	❏
Je peux donner des précisions sur le thème dont les personnes parlent.	❏	❏	❏	❏

➤ 4. Écouter et comprendre des annonces, des messages, des instructions, des programmes radiophoniques, des enregistrements

Je peux comprendre et dire de quel type d'annonce, de message, d'instructions, de programme radiophonique il s'agit.	❏	❏	❏	❏
Je peux comprendre et dire à qui s'adresse une annonce, un message, des instructions, un programme radiophonique.	❏	❏	❏	❏
Je peux comprendre et identifier l'information principale dans une annonce, un message, des instructions, un programme radiophonique.	❏	❏	❏	❏
Je peux comprendre et identifier des informations précises dans une annonce, un message, des instructions, un programme radiophonique.	❏	❏	❏	❏
Je peux comprendre l'intention de la personne qui donne des informations dans une annonce, un message, des instructions, un programme radiophonique.	❏	❏	❏	❏

COMPRÉHENSION ÉCRITE

CHAPITRE 2
ACTIVITÉS DE LECTURE ET COMPRÉHENSION DES ÉCRITS

➤ *Description des activités*

Les activités proposées pour le travail de la « compréhension des écrits » sont organisées en quatre parties :

1. Comprendre la correspondance
2. Lire pour s'orienter
3. Lire pour s'informer et discuter
4. Lire des instructions

Vous y trouverez différents types de documents tels que, par exemple : lettre, message électronique, brochure, divers articles de presse, critique de film ou mode d'emploi.

Dans l'ensemble, ils appartiennent aux quatre domaines définis dans le Cadre européen commun de référence : **personnel, public, professionnel, éducatif.**

Afin de développer votre capacité à **comprendre ces différents types d'écrits,** nous vous proposons un certain nombre d'activités dans lesquelles vous vous entraînerez à :
– observer la forme, la typographie des textes proposés pour en saisir les caractéristiques et l'organisation générale ;
– repérer les sources afin de mieux les identifier ;
– comprendre la situation présentée en répondant à une série de questions (de qui parle-t-on ? dans quel but ? de quoi s'agit-il ? quand cela a lieu ? où cela se passe ? quelle en est la raison ?) ;
– analyser leur organisation interne (identifier les différentes parties du texte, observer leur articulation, dégager les mots-clés...) dans le but de définir le sujet traité et la finalité de chaque document, repérer les informations et/ou les arguments importants et enfin saisir les principales conclusions.

➤ *Démarche*

Pour réussir la partie « Compréhension des écrits », vous travaillerez à développer votre capacité de lecture active dans le but de :
– **comprendre le document globalement,** c'est-à-dire pouvoir l'identifier et en saisir les informations principales ;
– **comprendre des détails de son contenu,** c'est-à-dire être capable de dégager des éléments précis qui complètent les informations principales ;
– **utiliser ce que vous avez compris** afin de :
 - tirer une conclusion,
 - prendre, modifier ou adapter vos décisions,
 - agir (planifier, adapter vos actions, faire un choix).

➤ *Déroulement et contenu des épreuves*

Cette partie de l'examen est composée de **deux épreuves** différentes appartenant à deux des quatre catégories d'activités annoncées plus haut. On vous propose deux documents. À partir de l'un d'entre eux, il vous faut **dégager des informations utiles pour l'accomplissement d'une action concrète et précise**. En ce qui concerne l'autre, on vous invite à **analyser son contenu** : définir son sujet et sa finalité, saisir les points forts, démontrer la compréhension de ses conclusions, etc.

À l'intérieur de chacune des quatre catégories d'activités, vous aurez affaire à des types de documents bien distincts et donc à accomplir des tâches spécifiques en relation avec leur nature. Pour vous aider, nous vous donnons quelques indications à ce sujet.

- **Comprendre la correspondance** : vous avez à lire **un courrier informel** et à démontrer que vous êtes capable de <u>comprendre les événements décrits, les sentiments et les souhaits exprimés</u> par votre correspondant.

- **Lire pour s'orienter** : vous devez parcourir un texte (ou un ensemble de textes) assez long pour y <u>localiser une information cherchée</u> et <u>réunir des informations provenant de différentes parties du support</u> proposé afin de pouvoir <u>accomplir une tâche spécifique</u> ; vous travaillerez à partir de **lettres, prospectus** ou d'autres courts **documents officiels**.

- **Lire pour s'informer et discuter** : il vous faut <u>identifier le problème ou le phénomène</u> décrit dans un court **article de presse**, <u>reconnaître les arguments</u> présentés à l'appui et <u>comprendre ses principales conclusions</u> ; il sera également demandé au candidat de <u>connaître l'organisation générale d'un écrit journalistique.</u>

- **Lire des instructions** : vous lisez un document de type **mode d'emploi** (par exemple un mode d'emploi d'un appareil ménager, une page Internet donnant des conseils dans un domaine déterminé…) et vous démontrez votre capacité à <u>dégager des instructions utiles pour l'accomplissement d'une tâche précise.</u>

ACTIVITÉS DE MISE EN ROUTE

Orientation
L'Étudiant me répond

solutions Orientation
Chaque mois aide un lycéen à s'orienter

Sandrine a-t-elle les capacités pour s'orienter vers une filière artistique ?

« Douée en maths, je n'ai pas l'intention de m'engager dans une filière scientifique. Mon rêve, c'est de concevoir des objets, mais je ne sais pas si cette voie me conviendrait. Au lycée, je n'ai pas suivi d'option arts. » *Sandrine, 17 ans*

réaliste	investigatif	artiste	social	entreprenant	conventionnel
45	58	95	87	75	15

Le test RIASEC, élaboré par nos spécialistes, permet de déterminer le type comportemental auquel chacun appartient : réaliste, investigatif, artiste, social, entreprenant ou conventionnel. Il est un très bon indicateur de ses points forts dans une optique professionnelle.

Le profil de Sandrine

Votre personnalité réunit les principales qualités de l'artiste : l'imagination, la curiosité, le goût de l'innovation, l'affectivité. Vous avez tendance à vous enthousiasmer, à vous passionner. En ce qui concerne le pôle social, cela dénote que vous appréciez les échanges avec des personnes d'horizons très divers – les relations humaines sont l'un de vos points forts – et que vous êtes particulièrement ouverte et enjouée. Enfin, le pôle entreprenant montre que vous êtes naturellement dynamique, décidée et que vous aimez l'autonomie : vous n'hésitez pas à agir, à aller de l'avant et vous envisagez sans inquiétude les contraintes commerciales. Ce dernier pôle, parmi les trois qui dominent dans votre personnalité, vous démarque des artistes « purs et durs ».

Notre analyse

Vous n'êtes pas de ces artistes prêts à négliger la rémunération pour assouvir leur passion ! Et vous devez prendre conscience que, pour un travail d'exécution technique, vous aurez en face de vous des concurrents plus minutieux, plus endurants et plus concentrés sur leurs réalisations que vous. Votre atout sera votre excellente capacité à innover et à comprendre le client. Vous avez aussi un charisme naturel, combinant l'autorité personnelle et la compréhension d'autrui. Votre profil artistique est par ailleurs assez fort pour vous permettre de suivre un apprentissage technique. ●

CHRISTINE GUESDON

Notre conseil

L'architecture d'intérieur, la décoration et le stylisme apparaissent comme les métiers qui vous conviennent le mieux. La création, l'innovation et la conception sont les aspects qui vous attirent en priorité. Vous avez aussi un profil adapté pour devenir chef de pub. Un parcours sans faute en terminale vous permettra de déjouer les pièges de la sélection à l'entrée d'une classe de MANAA (mise an niveau en arts appliqués). Mais une préparation privée bien choisie pourrait vous convenir également, car elles sont plus directement orientées vers les écoles d'arts décoratifs, plus généralistes et moins techniques que les écoles d'arts appliqués. La compétition sera rude, mais vous êtes capable de vous créer un réseau de relations, d'agir pour faire adopter vos idées et de vous démener pour décrocher un emploi.

 Solutions Orientation, c'est un bilan personnel avec le test RIASEC, une documentation ciblée et un accompagnement à distance. Si, vous aussi, vous désirez adhérer à ce service, contactez le 01.48.07.44.33.

DOCUMENT B

ROUTARD MAG

routard.com

| GUIDE | PARTIR | COMMUNAUTE | BOUTIQUE |

VOYAGE MODE D'EMPLOI

AVANT
Sac à dos ou sac de voyage ?
La querelle des anciens et des modernes

Ce chapitre est rendu nécessaire par la querelle entre deux écoles : les partisans du sac de voyage, et ceux du sac à dos.

Tout d'abord, il y a quelque chose à ne pas négliger quand on voyage : ce sont les apparences ! Si vous portez un sac à dos, on vous collera tout de suite une « étiquette » de voyageur fauché[1] ou de hippie… ce qui n'est pas toujours très favorable pour entrer en contact avec la population locale ou passer devant les douaniers.

En fait, tout dépend de votre façon de voyager : si vous faites du stop ou beaucoup de marche, le sac à dos s'impose. Si vous prenez beaucoup de transports en commun car le stop est difficile (en Asie par exemple), on conseille le sac de voyage qui fait moins « étranger » et qui glisse facilement sous une banquette ou dans les filets à bagages.

Le sac de voyage

À part la cantine (trop militaire), la valise (trop petit bourgeois), celui qui n'est pas adepte du sac à dos n'a plus tellement le choix. Reste donc le sac de voyage, soit en toile (plus solide), soit en nylon (plus léger). Pour passer partout, le sac de voyage est idéal. Nous vous proposons de le prendre avec une sangle[2] réglable qui permet de le porter en bandoulière (très pratique), et une double poignée de portage. En option, vous pouvez également investir dans un « tir-bagages » pliable à roulettes qui facilite le transport sur les longues distances.

Le sac à dos

Dans ce cas, la toute première règle est de choisir un sac d'un volume suffisant, adapté à l'utilisation que l'on en fera. En règle générale, un sac de moins de 40 litres convient aux sorties d'une journée, entre 40 et 65 litres aux randonnées de quelques jours, et au-delà au portage de matériel spécifique (montagne, camping…) ou au trek[3] d'au moins deux semaines. Pour un voyage « classique », quelle que soit sa durée, les sacs de moins de 60 litres sont suffisants. La gamme fabriquée actuellement est très variée et permet à chacun de choisir selon sa taille ou la courbe de son dos. Des sacs spécialement adaptés à l'anatomie féminine existent aussi.

Enfin, pour ceux qui hésiteraient encore entre le sac à dos et le sac de voyage, on conseille le sac valise, astucieux compromis entre l'un et l'autre.

http://www.routard.com/guide_voyage.asp

---

1 fauché : pauvre (en français familier)
2 sangle : bande assez large de cuir ou de tissu servant à porter un sac de voyage
3 trek : trekking, randonnée pédestre
* Le Routard : collection très populaire de guides de voyage

DOCUMENT C

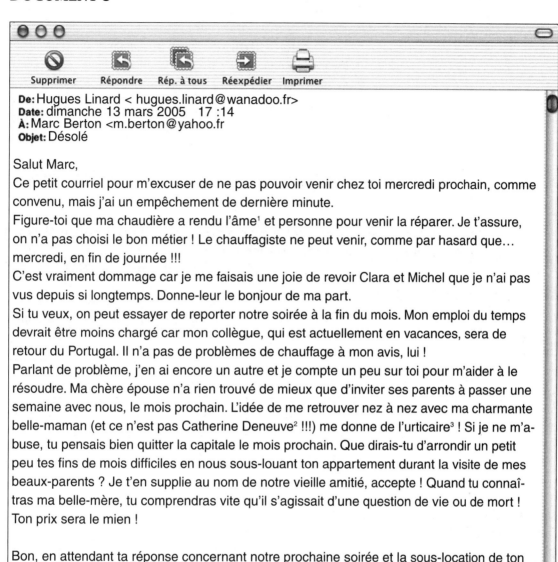

De: Hugues Linard < hugues.linard@wanadoo.fr>
Date: dimanche 13 mars 2005   17 :14
À: Marc Berton <m.berton@yahoo.fr>
Objet: Désolé

Salut Marc,

Ce petit courriel pour m'excuser de ne pas pouvoir venir chez toi mercredi prochain, comme convenu, mais j'ai un empêchement de dernière minute.

Figure-toi que ma chaudière a rendu l'âme[1] et personne pour venir la réparer. Je t'assure, on n'a pas choisi le bon métier ! Le chauffagiste ne peut venir, comme par hasard que… mercredi, en fin de journée !!!

C'est vraiment dommage car je me faisais une joie de revoir Clara et Michel que je n'ai pas vus depuis si longtemps. Donne-leur le bonjour de ma part.

Si tu veux, on peut essayer de reporter notre soirée à la fin du mois. Mon emploi du temps devrait être moins chargé car mon collègue, qui est actuellement en vacances, sera de retour du Portugal. Il n'a pas de problèmes de chauffage à mon avis, lui !

Parlant de problème, j'en ai encore un autre et je compte un peu sur toi pour m'aider à le résoudre. Ma chère épouse n'a rien trouvé de mieux que d'inviter ses parents à passer une semaine avec nous, le mois prochain. L'idée de me retrouver nez à nez avec ma charmante belle-maman (et ce n'est pas Catherine Deneuve[2] !!!) me donne de l'urticaire[3] ! Si je ne m'abuse, tu pensais bien quitter la capitale le mois prochain. Que dirais-tu d'arrondir un petit peu tes fins de mois difficiles en nous sous-louant ton appartement durant la visite de mes beaux-parents ? Je t'en supplie au nom de notre vieille amitié, accepte ! Quand tu connaîtras ma belle-mère, tu comprendras vite qu'il s'agissait d'une question de vie ou de mort ! Ton prix sera le mien !

Bon, en attendant ta réponse concernant notre prochaine soirée et la sous-location de ton appart, je te salue l'ami et… te dis @+[4]
Hugues

1 **rendre l'âme :** ici, tomber en panne (français familier)
2 **Catherine Deneuve :** renvoie ici au rôle de belle-mère que l'actrice joue dans un film sorti à la même époque
3 **donner de l'urticaire :** ici, provoquer une réaction « allergique » ; à l'origine, l'urticaire est un problème de peau passager, accompagné de démangeaisons et d'une sensation de brûlure
4 **@+ :** à plus (tard)

Identifier le document

activité 51 Identifiez chacun des trois documents dans la liste proposée.

une brochure, une publicité, un article de journal, un dépliant, un plan, un mode d'emploi, une carte postale, un extrait de roman, un poème, un message électronique, une lettre, une annonce.

Le document A est ....
Le document B est ....
Le document C est ....

activité 52 À quelles catégories d'activités prévues pour l'examen est destiné chacun de ces trois documents ? Compétez la grille ci-dessous.

Catégorie d'activités	Document
Lire la correspondance	
Lire pour s'orienter	
Lire pour s'informer	
Lire des instructions	

activité 53 **1.** Repérez pour chacun des trois documents sa source et sa date de parution (de publication, d'émission…).

2. Retenez à quel endroit vous avez trouvé ces informations : en haut, en bas, à gauche, à droite, à l'intérieur ou à l'extérieur du texte.

3. Remplissez la grille.

	Document A	Document B	Document C
Source… …et son emplacement			
Date de parution… …et son emplacement			

activité 54 Reliez ces dates de parution aux types de publications correspondants et à leurs définitions.

Date	Type de publication	Définition
a. 9-15 mai 2002 •	• un mensuel •	• est édité tous les jours
b. 13/03/2005 •	• un hebdomadaire •	• est publié tous les deux mois
c. sept.-oct. 2004 •	• un quotidien •	• sort une fois par mois
d. décembre 2003 •	• un bimensuel •	• paraît toutes les semaines

Activité 55 — Trouvez dans la liste proposée, des titres de journaux ou de magazines français correspondant à ces quatre types de publications et inscrivez les ci-dessous.

Je connais le presse française :

Les quotidiens : ....

....

Les hebdomadaires : ....

....

Les mensuels : ....

....

Les bimensuels : ....

....

Analyser l'organisation d'un article de presse

activité 56 Observez attentivement le document A p. 29 et associez les noms des différentes parties d'un article de presse au schéma proposé ci-dessous. Remplissez la grille réponse.

a. chapeau
b. source
c. intertitre
d. corps de l'article
e. titre
f. rubrique
g. surtitre
h. auteur

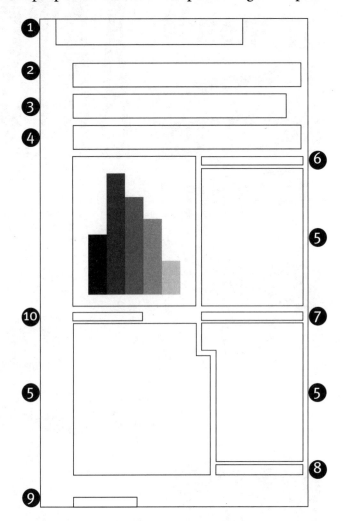

Les différentes parties d'un article de presse :

a.	b.	c.	d.	e. *n° 3*	f.	g.	h. ....

activité 57 Observer à nouveau le document A et reliez les noms des différentes parties d'un article de presse à leurs définitions.

Les noms des différentes parties d'un article de journal
1. Surtitre – 2. Rubrique – 3. Titre – 4. Source – 5. *Corps de l'article* – 6. Intertitre – 7. Chapeau

Les définitions
a. La partie essentielle d'un article où le sujet est développé.
b. Un mot, une expression, le plus souvent une phrase qui met en valeur une idée ou qui relance le sujet d'un article.
c. Un court texte, composé d'une ou de plusieurs phrases qui introduit le sujet ou résume l'essentiel de l'information présentée.

d. La partie de l'article qui signale son appartenance à un moyen de communication (journal, revue, magazine…) et indique la date de sa parution.

e. Le terme indiquant la matière, le domaine auquel appartient un article de presse (économie, santé, société, etc.).

f. Cette partie complète le titre et place un article de journal dans un cadre plus large, plus général.

g. Le nom donné à un texte par son auteur et qui évoque plus ou moins directement son contenu.

1. ………	2. ………	3. ………	4. ………	5. *a.*	6. ………	7. ………

Définir la finalité d'un document

Activité 58 Pourquoi, à quelle fin sont écrits ces textes ? Relisez les documents A, B et C et complétez la grille ci-dessous.

Document	Finalité	Le/les passage(s) du texte qui justifie(nt) votre réponse.
A		
B		
C		

Rechercher des informations dans un document

activité 59 Relisez le document B, cochez <u>les</u> réponses qui correspondent aux informations données dans le texte. Pour chaque réponse jugée exacte, notez le passage du document qui le prouve.

1. Le sac à dos convient à des :

❏ **a.** voyages longs, effectués dans des conditions assez confortables

....

❏ **b.** voyages pendant lesquels il faut aussi se déplacer à pied

....

❏ **c.** voyages d'un week-end passés dans un hôtel 5 étoiles

....

❏ **d.** voyages pendant lesquels on dort sous sa propre tente

....

2. Le sac de voyage convient lors des :

❏ **a.** voyages durant lesquels on se déplace beaucoup en bus de ligne

....

❏ **b.** voyages où il est nécessaire de transporter une tente et un sac de couchage

....

❏ **c.** voyages pendant lesquels on tient à donner une bonne image de soi

....

❏ **d.** voyages durant lesquels on préfère ne pas trop se faire remarquer

....

Comprendre la situation

activité 60 Lisez les trois situations et répondez aux questions.

Situation 1

Thomas et Marine ont trois enfants entre dix et quinze ans. Ils souhaiteraient passer un mois de vacances (la deuxième quinzaine de juillet et la première d'août) sur la côte bretonne. Durant ce séjour, ils désirent profiter au maximum de la mer tout en faisant attention au méfaits du soleil, trouver, pour les enfants, des activités de plein air et à l'abri (en cas de pluie), manger souvent du poisson et des fruits de mer que tout le monde adore, sauf Lucas. Ce dernier fait malheureusement une allergie aux huîtres.

Situation 2

Konrad a 38 ans. C'est un excellent ingénieur dans le domaine de l'automobile. Il vient d'obtenir une promotion. Son chef lui a proposé de quitter Paris pour rejoindre la filiale de l'entreprise basée à Montpellier. Il y occupera le poste d'ingénieur en chef et son salaire progressera de 15%. Cette idée convient à Konrad d'autant plus qu'il adore la mer et que, l'hiver, il pourra facilement faire du ski dans les Pyrénées. Il lui reste à convaincre sa compagne qui n'a pas très envie de quitter la capitale.

Situation 3

Sarah vient de passer son master (niveau bac +5) de droit à l'Université de Lyon 2, mais n'a pas envie de devenir avocat comme la plupart de ses copains de fac. Elle souhaiterait s'orienter vers un domaine différent et surtout voyager. À partir de l'année prochaine, Sarah serait partante pour travailler en Afrique ou en Asie et se voit bien participer à des projets ayant pour but l'amélioration des conditions de vie des populations locales : construction d'une école, d'un dispensaire, mise en place d'une bibliothèque… Une seule condition : obtenir un contrat de deux ans minimum.

	Situation 1	Situation 2	Situation 3
Qui ?			
Quoi ?			
Quand ?			
Où ?			
– Pour quoi faire ? – Comment, à quelle condition ?			

activité 61 Vous êtes amoureux(euse) des voyages et n'arrêtez pas d'en programmer. Votre point faible : prendre des décisions concernant les bagages.

Revenez au document B et recherchez ce que vous conseille Le Routard pour chacun de vos projets. Remplissez la grille.

Vos projets de voyage	Les conseils du Routard	
	Sac à dos	Sac de voyage
1. Paris-New York (États-Unis) en avion, séjour d'une semaine dans un hôtel 4 étoiles à Manhattan, nombreuses sorties (concerts, spectacles et réceptions officielles).		
2. Paris-Moscou en avion, Moscou-Tachkent (Ouzbekistan, Asie Centrale) en train, randonnée pédestre de deux semaines dans les montagnes de Tian Shan (à la frontière chinoise).		
3. Paris-Athènes (Gréce) en avion, circuit organisé de deux semaines, déplacement en voiture avec chauffeur, hôtels trois et quatre étoiles, spectacles en soirée.		
4. Paris-Rio de Janeiro (Brésil), séjour de cinq jours, Rio de Janeiro-Manaus (Bassin de l'Amazonie), randonnée de dix jours dans la forêt amazonienne, retour à Rio pour deux jours, avion pour Paris. Hébergement en hôtels simples et dans la nature pendant la randonnée.		

activité 62

Situation

Marc et sa compagne, originaire de l'Indonésie, souhaitent passer trois semaines de vacances dans ce pays. Durant la première semaine, ils vont visiter l'île de Bali et comptent louer une voiture pour toute la durée du séjour afin de pouvoir se déplacer à leur rythme. Ensuite, ils vont rendre visite aux parents de la compagne de Marc pendant quelques jours. Ils finiront leur voyage dans le nord de l'île, au bord de l'océan, en profitant du soleil et de la plage.

Quel bagage Marc et sa compagne auront-ils intérêt à choisir ? Justifiez votre réponse.

....

Analyser le contenu du document

activité 63 Relisez le document C. Pourquoi Hugues ne peut-il pas accepter l'invitation de Marc ? Cochez la réponse qui correspond aux informations du message électronique.

❑ **a.** L'installation électrique de son appartement est défectueuse et elle ne pourra être réparée que mercredi.

❑ **b.** Le système d'évacuation de sa machine à laver ne marche pas bien et le plombier viendra seulement mercredi soir.

❑ **c.** L'appareil qui assure l'approvisionnement de l'appartement en eau chaude ne marche plus et le dépannage aura lieu mercredi.

❑ **d.** Le climatiseur est tombé en panne et le rendez-vous avec le technicien est prévu pour mercredi après-midi.

ctivité 64 Pour quelles raisons Hugues a-t-il besoin de l'appartement de Marc ?

Hugues demande à Marc de lui prêter son appartement car :	vrai	faux
a. Son appartement est trop petit pour qu'il puisse y recevoir ses beaux-parents.		
b. Il ne supporte pas la mère de sa femme.		
c. Sa belle-mère est très malade et a besoin de confort.		
d. Ses beaux-parents souhaitent être indépendants pendant la durée de la visite.		

ctivité 65 Cochez la réponse correspondant aux informations données dans le courriel. Citez le passage du texte où elle se trouve.

  ❏ **a.** Hugues souhaite sous-louer l'appartement de Marc gratuitement.
  ❏ **b.** Hugues propose à Marc un montant pour la sous-location de l'appartement.
  ❏ **c.** Hugues sait que Marc a des problèmes d'argent, mais ne veut pas en entendre parler.
  ❏ **d.** Hugues est prêt à accepter la somme que proposera Marc pour la mise à disposition de son logement.

Justification : ....
....

1- Comprendre la correspondance

Analyser le contenu du document p. 40

ctivité 66 Lisez le document p. 40. Dans sa lettre, Élise s'adresse à Marion. Quelle est la relation entre les deux femmes ? Cochez la bonne réponse. Pour confirmer votre réponse, inscrivez les éléments du texte dans la rubrique « Justification ».

Il s'agit d'une relation :
  ❏ **a.** familiale   ❏ **b.** professionnelle   ❏ **c.** d'amitié

Justification : ....
....

ctivité 67 Pourquoi Élise écrit-elle ? Citez le passage de la lettre qui permet de l'identifier.

Finalité : ....
Citation : ....
....

ctivité 68 Quelles sont les informations concernant le voyage d'Élise ? Répondez aux questions. Retrouvez les passages de la lettre qui expliquent vos réponses.

1. Quelle est la destination du voyage d'Élise ?
....
Justification : ....

Bruxelles, le 5 décembre 2005

Ma chère Marion,

Je t'écris depuis la Belgique où je passe de merveilleuses vacances. Je n'ai pas pu attendre mon retour pour te faire partager mes impressions...
Je suis arrivée dans la capitale européenne après un court voyage en train, à bord de Thalys[1]. Je n'avais jamais réalisé jusqu'à ce jour que le royaume de Belgique était aussi proche de Paris. Ma première rencontre avec la population belge a eu lieu dans le bar du train. Il y avait beaucoup de monde, peut-être cela est-il dû à l'heure tardive du voyage. J'ai donc dû m'asseoir à côté d'un charmant jeune homme blond aux yeux bleus... Tu me connais, je l'avais déjà remarqué en entrant dans la voiture. Très sympathique, il a rapidement engagé la conversation. Son accent m'a tout de suite séduite. J'avais totalement oublié que tous les Belges n'étaient pas francophones. Je ne sais plus de quoi nous avons parlé, mais le temps est passé très vite. Moi qui étais pressée d'arriver à destination, je maudissais les inventeurs des trains à grande vitesse.

Quelques minutes avant l'arrivée, Koen, c'est son prénom, m'a tendu sa carte de visite et m'a dit de ne pas hésiter à l'appeler. Je lui ai répondu que je n'oserais pas l'appeler, alors il a noté, sur un bout de serviette en papier, mon numéro de portable. A côté du numéro, il n'a pas écrit mon nom, que je lui avais pourtant donné, mais a dessiné une étoile... tout en me souriant.

Aujourd'hui, voilà quelques jours déjà que nous nous connaissons. Il m'a fait découvrir Bruxelles. Nous avons vu plusieurs fois la Grand'Place[2]. Mon hôtel se trouve à peine à cinq minutes à pied. C'est magique et vraiment magnifique ! Je flâne parfois dans les galeries royales[3]. La journée, je visite les musées, je pars à la recherche de l'Art Nouveau[4], je mange du chocolat (et je dois t'avouer que les chocolats belges, c'est un vrai bonheur !), mais j'attends surtout que Koen m'appelle pour me dire à quelle heure il pourra se libérer. Il est graphiste dans une agence de publicité située en plein centre-ville.
Aujourd'hui, c'est différent. Il m'a invitée chez lui, à Gand, à 30 minutes de Bruxelles. Sur le guide que j'ai acheté, on dit que c'est une jolie ville médiévale[5]. J'ai hâte d'y être, de la découvrir ! Je prends le train dans une heure.

Voilà, ma chère Marion ! Comme tu peux l'imaginer, je suis très heureuse et je n'ai pas trop envie de rentrer en France, sauf pour te revoir, bien sûr ! Pour l'instant je profite... Et toi, comment vas-tu ? Que fais-tu ? On s'appelle dès mon retour ?
En attendant je t'embrasse... Amicalement

Élise

1 **Thalys :** nom du train à grande vitesse (TGV) qui fait le trajet Paris-Bruxelles.
2 **Grand'Place :** place principale de Bruxelles.
3 **galeries royales :** ensemble de galeries marchandes, situé dans le vieux Bruxelles.
4 **Art Nouveau :** courant artistique qui date des années 20 du XXᵉ siècle.
5 **médiéval :** qui date du Moyen Âge.

2. Quel est le motif de son voyage ?

....

Justification :

3. Que fait-elle ? Quelles sont les activités dont elle parle ?

....

....

Justification : ....

....

....

Activité 69 Quel est l'opinion générale d'Élise sur ses vacances ?

L'avis d'Élise sur ce séjour est :
   ❏ négatif ❏ positif ❏ plutôt neutre

Justification : ....

....

....

Activité 70 Quel est l'événement important du voyage d'Élise ?

1. ....

Retrouvez dans la lettre les circonstances de cet événement.

2. Le lieu précis : ....
3. Le moment : ....

Activité 71 Relevez dans la lettre d'Élise les informations au sujet de Koen. Aidez-vous de la grille.

Recherchez les renseignements sur Koen	Vos réponses
Son physique.	
Ses traits de caractère.	
Son lieu de résidence.	
Son activité professionnelle et son lieu de travail.	

Activité 72 Cochez la bonne réponse et citez le passage de la lettre qui la confirme.

Quelle est l'impression d'Élise sur son trajet en train ?
Ce voyage lui a paru :
   ❏ **a.** très long et fatiguant   ❏ **b.** un peu trop long, mais agréable
   ❏ **c.** rapide et très confortable ❏ **d.** presque trop court et plutôt agréable

Justification : ....

....

Incontournable, la boutique de location de vélos d'Ars-en-Ré

À ne pas manquer

Où se renseigner

Maison de la Charente-Maritime
85, bd de la République, 17076 La Rochelle Cedex 9, tél. 05 46 31 71 71 et www.charente-maritime.org
Office du tourisme de La Rochelle
Le Gabut, 17025 La Rochelle Cedex 01, tél. 05 46 41 14 68 et www.larochelle-tourisme.com
Ile de Ré tourisme
Bp 28. 17580 Le Bois-Plage-en-Ré, tél. 05 46 09 00 55 et www.iledere.fr

Saint-Martin, « capitale » de l'île de Ré.

Où se loger, se restaurer

À La Rochelle
– LES QUATRE SERGENTS.
Au cœur de la vieille ville, cette demeure du XIXᵉ siècle est une valeur sûre.
Cuisine traditionnelle et créative.
Menu à partir de 15 €.
49, rue Saint-Jean-du-Pérot, tél. 05 46 41 35 80.
– LE BAR ANDRÉ.
Ce restaurant fondé en 1947 est une véritable institution.
Au menu : du poisson et encore du poisson.
Menu à partir de 34 €.
5, rue Saint-Jean-du-Pérot, tél. 05 46 41 28 24.

– HÔTEL DE LA MONNAIE***.
Chambres soignées et calmes mais impersonnelles.
Une belle bâtisse cependant.
Ch. double à partir de 95 €.
3, rue de la Monnaie, tél. 05 46 50 65 65.
– HÔTEL SAINT-JEAN-D'ACRE***. Sur le vieux port, un lieu plein de charme et de gentillesse.
Chambre double à partir de 100 €.
4, pl. de la Chaîne, tél. 05 46 41 73 33.
Sur l'île de Ré
– ATALANTE***. L'endroit vaut mieux pour son excellente table que pour ses chambres à la déco aseptisée.
Chambre double à partir de 130 €. Sainte-Marie-de-Ré, tél. 05 46 30 22 44.
– L'OCÉAN**. Un hôtel où bon goût rime avec courtoisie et une table qui vaut le détour. Belle adresse.
Chambre double à partir de 70 €.
172, rue Saint-Martin, Le Bois-Plage-en-Ré, tél. 05 46 09 23 07.
– LE CHAT BOTTÉ**. Joli hôtel à la déco boisée. En face, une des meilleures tables de l'île. Chambre double à partir de 72 €.
Place de l'église, Saint-Clément-des-Baleines, tél. 05 46 29 21 93.

À faire

La Rochelle en deux-roues
Réputée première ville écologique de France, La Rochelle a depuis longtemps innové en la matière : premier quartier piétonnier de France, voitures électriques, réduction de la circulation automobile, etc.
Emblèmes de cette politique, les vélos jaunes, que l'on peut emprunter sur le vieux port pour visiter la ville à son rythme.

L'huîtrière de Ré
La folie des huîtres

Jeunes ostréiculteurs amoureux de leur activité, Brigitte et Tony Berthelot, tous deux Rétais de très vieille souche, proposent de mieux faire connaître l'ostréiculture grâce à des visites guidées de leur site d'exploitation. Au programme, film, musée miniature et conférence de cet historiographe qu'est Tony et qui vous raconte l'huître de la préhistoire à nos jours : « C'est mon travail que je voulais faire découvrir », s'enthousiasme-t-il, en montrant qu'il y a derrière tout cela une histoire très ancienne. Car, si l'ostréiculture n'est présente sur l'île de Ré que depuis le XIXᵉ siècle, la Charente-Maritime reste quand même le berceau de cette activité.
L'huîtrière de Ré, La maison neuve, 17590 Ars-en-Ré, tél. 05 46 29 44 24.

Musée du Nouveau-Monde
La grande traversée

Ruiné après la défaite de 1628, le commerce rochelais connut un nouvel essor au XVIIIᵉ siècle, avec le peu reluisant « commerce triangulaire », entre l'Afrique, la France et les Amériques. Dans un bel hôtel particulier de la même époque, les collections du musée du Nouveau-Monde racontent les rapports entre la ville et le nouveau continent. Traite des esclaves bien sûr, mais aussi peuplement du Canada par les Charentais dès le XVIᵉ siècle. Quelques très belles pièces à relever, comme cette *Mascarade nuptiale*, hypnotisant tableau d'un certain Roza, représentant des esclaves brésiliens nains à la cour du roi de Portugal.
10, rue Fleuriau, 17000 La Rochelle, tél. 05 46 41 46 50.

2- Lire pour s'orienter

Dégager des informations pour se préparer à agir

Activité 73 Le document ci-contre a été rédigé pour :

- ❏ **a.** faire de la publicité pour un séjour au bord de la mer
- ❏ **b.** renseigner des personnes voulant voyager en Charente-Maritime
- ❏ **c.** critiquer les hôtels et les restaurants de la région
- ❏ **d.** faire connaître l'histoire de la Charente-Maritime aux lecteurs de *Notre Temps*

Activité 74 La Charente-Maritime est située :

- ❏ **a.** au nord de la France
- ❏ **b.** au sud de la France
- ❏ **c.** à l'est de la France
- ❏ **d.** à l'ouest de la France

Activité 75 Quels sont les différents types d'informations donnés dans le document ?

....

....

....

....

....

Activité 76 Relisez le texte et dites si ces expressions donnent un avis positif, négatif ou partagé.

Expression utilisée pour décrire un établissement (hôtel ou restaurant)	Avis		
	positif (+)	négatif (–)	partagé (+ –)
1. C'est une valeur sûre			
2. C'est un lieu plein de charme			
3. L'endroit vaut mieux pour son excellente table que pour ses chambres			
4. L'hôtel à la déco aseptisée			
5. Ce restaurant est une véritable institution			
6. Un hôtel où bon goût rime avec courtoisie			
7. Un hôtel qui propose des chambres soignées et calmes mais impersonnelles			

Activité 77 Répondez.

1. Pourquoi Tony Berthelot a-t-il décidé de faire visiter son exploitation ?

....

2. Que propose-t-il pendant cette visite ?

....

3. Est-ce à l'île de Ré qu'on a inventé l'élevage d'huîtres ? Citez le passage du document qui justifie votre réponse.

- ❏ oui
- ❏ non

Justification : ....

....

4. Quel est le nom du village où se situe l'exploitation de Brigitte et Tony Berthelot ?

....

5. Comment appelle-t-on une personne qui élève les huîtres ?

....

activité 78   Répondez.

1. Quel est l'objectif du musée du Nouveau-Monde ?

....

2. Quelle a été la raison du renouveau de l'activité commerciale de La Rochelle au XVIIe siècle ?

....

3. De quelle époque date le bâtiment occupé par le musée ?

....

4. Qu'est-ce que la *Mascarade nuptiale* ?

....

Comprendre un texte pour agir

activité 79

Situation

Vous venez de gagner un séjour en France et, avec vos trois amis, vous voulez passer deux ou trois jours en Charente-Maritime, mais vous hésitez entre La Rochelle et l'île de Ré. Tout d'abord, vous souhaiteriez trouver des sites Internet qui donnent des renseignements complémentaires sur ces destinations. Vous désirez également visiter les lieux sans avoir à utiliser les transports en commun tels que bus ou taxis, la bicyclette vous semble un moyen de locomotion idéal. Par ailleurs, deux d'entre vous sont plutôt amateurs de voyages culturels tandis que les deux autres préfèrent de loin les visites gourmandes à la nourriture de l'esprit. Enfin, vous aimeriez descendre dans un bel hôtel où l'on mange correctement, mais qui se trouve en même temps à proximité des restaurants de bonne qualité.

Pour chacune des destinations et pour chacun des critères, mettez une croix (X) dans la case « Convient » ou « Ne convient pas ».

Critères	La Rochelle		L'île de Ré	
	Convient	Ne convient pas	Convient	Ne convient pas
1. Trouver des renseignements complémentaires sur l'Internet.				
2. Découvrir l'histoire de la région de Charente-Maritime.				
3. Se déplacer à bicyclette.				
4. S'installer dans un hôtel situé à proximité d'un très bon restaurant.				
5. Pouvoir déguster des fruits de mer directement chez le producteur.				

Situation

Jean-Pierre et Régine sont un couple à la retraite : ils ont beaucoup de temps et adorent voyager. Cette année, ils ont envie de passer une semaine en Charente-Maritime avec leurs petits enfants : Laurent, 6 ans et Camille, 18 mois. Ils recherchent un endroit calme, au bord de la mer et consultent une sélection de locations sur La Rochelle et l'île de Ré pour choisir leur lieu de séjour. L'idéal pour eux serait de trouver deux chambres indépendantes, avec salle de bain et toilettes, à proximité de la plage. Ils souhaiteraient également disposer d'un jardin et d'une place de stationnement gratuite pour leur voiture. Le prix pour une nuit en chambre double ne devrait pas dépasser 50 euros, petit déjeuner compris. Jean-Pierre et Régine hésitent entre quatre locations.

La Rochelle	Île de Ré
« BAYLE » **En ville** Dans le quartier St. Éloi, proche canal, **petit pavillon indépendant** de plein pied donnant sur jardin, comprenant : **chambre 30 m² avec lit 140** + canapé lit 1 pers. + TVC* + réfrigérateur, salle d'eau (w.-c.) privée. **Terrasse privée.** Parking clos dans la propriété. **Possibilité lit bébé.** Nuitée pour 2 pers. Pt. déj. inclus : 50 € Lit supplémentaire : 20 €	**« Côte Ouest »** **Saint Clément des Baleines** La propriétaire vous accueille **dans sa maison,** au milieu d'un grand parc fleuri. Elle vous propose **des chambres doubles** avec cabinet de toilette (douche et W.-C. communs). Vous pouvez prendre votre petit déjeuner avec **confitures « maison »** sur la terrasse et profiter d'une belle plage accessible à pied, à 250 mètres. Nuitée pour 2 pers. : 52 € Petit déjeuner : 5 € Parking municipal payant. Tennis et golf à 6 km.
« Au Paradis » **Lagord** À 3 km de La Rochelle, 5 km de l'île de Ré, dans maison à l'étage : **chambre 12 m² avec lit 140 et lavabo, chambre 16 m² avec lit 160 et TVC,** salle de bain et W.-C séparés en commun aux deux chambres. À disposition : **salon TV, bibliothèque, jardin clos, terrasse, piscine.** Parking privé dans la propriété. **Possibilité lit bébé.** Nuitée pour 2 pers. pt. déj. inclus : 55 €	**« CARLOT »** **Sainte-Marie-de-Ré** À 5 minutes à pied de la côte, par chemin longeant les plages, les propriétaires vous reçoivent dans leur **maison de charme** – jardin clos, accès indépendant, vue sur l'océan : 2 chambres pour 2 pers. + salon avec sdb et W.-C privés, parking assuré. Petit déjeuner copieux (pain cuit tous les jours et confitures maison). Nuitée pour 2 pers. avec pt. déj. : 60 € Forfait pour 4 pers. : 100 €, pt. déj. inclus

* **TVC :** télévision par câble.

Pour chacune des locations et pour chacun des critères, mettez une croix (X) dans la case « Convient » ou « Ne convient pas ».

Critères	La Rochelle		Île de Ré	
	Convient	Ne convient pas	Convient	Ne convient pas
	« BAYLE »		« Côte Ouest »	
a. Proximité de la plage				
b. Chambres indépendantes				
c. Sanitaires réservés aux visiteurs				
d. Possibilité d'utiliser le jardin				
e. Place de stationnement				
f. Tarif				
	« Au Paradis »		« CARLOT »	
a. Proximité de la plage				
b. Chambres indépendantes				
c. Sanitaires réservés aux visiteurs				
d. Possibilité d'utiliser le jardin				
e. Place de stationnement				
f. Tarif				

3- Lire pour s'informer et discuter

France Gazette[1]
en français tout simplement
www.francegazette.com

CULTURE

FILM
Mars 2005
Comme une image d'Agnès Jaoui

Le couple Jean-Pierre Bacri - Agnès Jaoui n'en finit pas de nous surprendre. On avait encore dans la bouche la saveur du *Goût des autres* (1999) et voilà que cette fois avec *Comme une image* (sortie en salles sept. 2004), Jaoui propose un film sur le pouvoir et la soumission. Sous l'apparence d'une comédie au ton juste, ce qu'elle montre est ingrat, cruel et parfois amer.

La première scène donne le ton : Paris gronde derrière les vitres du taxi dans lequel Lolita, jeune fille de vingt ans aux kilos superflus, est assise à l'arrière, seule. Elle va rejoindre son père. Le chauffeur de taxi est d'une grossièreté et d'une impolitesse sans bornes[2] envers la pauvre Lolita. Celle-ci semble écrasée et dépassée par cette rudesse et indifférence totale. Mais il suffit que son père, aussi goujat[3] que le chauffeur, rentre dans le taxi pour que tout change, pour qu'enfin le chauffeur soit aimable et se fasse tout petit devant celui qui semble être plus fort que lui. Tout est dit : « il n'y a pas de maître sans esclave » est le leitmotiv[4] qui se décline tout au long du film.
Lolita est une jeune fille un peu immature et complexée par son corps. Son père, Étienne Cassard, est un célèbre écrivain et éditeur influent que tout le monde cherche à approcher, même s'il est ultra-égocentrique et doué d'une capacité à ridiculiser quelqu'un en un seul mot. Mais c'est sans doute le prix de la gloire que certains sont prêts à payer : Cassard peut faire d'un écrivain une star du jour au lendemain. Lolita souffre du fait que personne ne semble l'apprécier pour elle-même et qu'on la fréquente uniquement parce qu'elle peut servir d'intermédiaire vers le puissant éditeur. Son père ne semble lui reconnaître aucune grâce, aucun avantage… Plus Lolita recherche son amour, plus celui-ci s'éloigne, mais elle se soumet par peur de lui déplaire. Le réconfort de Lolita se trouve dans la musique classique. Elle chante Mozart, Monteverdi, Schubert…
Un petit monde gravite tout autour d'Étienne Cassard. Mais finalement, ces courtisans se laissent prendre au jeu et deviennent tous le servant d'un autre. Certains tentent cependant, d'une manière ou d'une autre, d'échapper à cette dépendance avec plus ou moins de réussite…
La critique est bien vue, piquante et drôle. On retrouve des personnages au profil psychologique approfondi. Les êtres semblent avoir une difficulté inouïe[5] à communiquer leurs sentiments.
Au fil d'un scénario très bien ficelé[6] (*Comme une image* a d'ailleurs reçu le prix du meilleur scénario à Cannes, en 2004), les personnages évoluent et se rendent attachants. Mais le film ne doit pas sa réussite qu'au texte. Le décor est aussi bien choisi et le spectateur se délecte des couleurs chaudes des soirées d'été à la campagne. Ces prises de vue portent à la fois une tension et une douceur grâce à la lumière qui les traverse. Agnès Jaoui a réussi à les allier avec succès au texte qui, comme une image, nous renvoie à notre propre petit monde.

d'après Valérie Landais

http://www.francegazette.com

1. *France Gazette :* mensuel en ligne
2. **sans bornes :** sans limites (français familier)
3. **goujat :** grossier personnage
4. **leitmotiv :** thème qui revient, comme un refrain dans une chanson
5. **inouï :** étonnant, extraordinaire
6. **ficelé :** construit (français familier)

Comprendre le contenu du document

activité 81 Lisez le document. *France Gazette* est un journal :

❏ a. que l'on peut acheter dans un kiosque à journaux
❏ b. qui est publié sur l'Internet
❏ c. que l'on achète uniquement par correspondance

activité 82 Dans quelles rubriques de *France Gazette* trouve-t-on l'article sur le film d'Agnès Jaoui ?

Rubrique : ....

Sous-rubrique : ....

activité 83 Au moment de la publication de l'article (mars 2005), le film intitulé *Comme une image* est :

❏ a. l'avant-dernier film de la réalisatrice
❏ b. son premier long métrage
❏ c. son dernier film sorti en salles
❏ d. le dernier film de sa carrière de cinéaste

activité 84 Selon l'auteure de l'article, *Comme une image* est :

❏ a. une comédie
❏ b. un drame
❏ c. un mélange des deux

Justification : ....
....
....
....
....

activité 85 Retrouvez les différentes activités effectuées par Agnès Jaoui pour ce film.

❏ a. Elle s'est occupée de la direction des acteurs.
❏ b. Elle a co-écrit l'histoire qu'il raconte.
❏ c. Elle a participé à la conception des décors.
❏ d. Elle a décidé de jouer l'un des personnages.

activité 86 Relisez l'article et repérez…

1. …pour le personnage de Lolita Cassard :
   a. une information au sujet de son apparence physique : ....
   b. deux traits de sa personnalité : ....
   c. une activité qu'elle aime pratiquer : ....
   d. le nom de l'actrice qui joue ce rôle : ....

2. ...pour le personnage d'Étienne Cassard :

    a. deux informations concernant ses activités professionnelles : ....

....

    b. trois expressions ou passages qui définissent son statut social : ....

....

    c. deux traits de son caractère : ....

....

    d. le nom de l'acteur qui interprète ce personnage : ....

3. ...le type de relation entre ces deux personnages :

....

4. ...quelle est l'attitude du chauffeur :

    a. envers Étienne :

....

    b. envers Lolita :

....

Activité 87 Citez une phrase qui illustre la nature de la relation qu'entretiennent les deux personnages principaux du film : Lolita et Étienne Cassard.

Phrase citée :

....

....

Activité 88 Pour chacun des aspects du film listés ci-dessous, l'avis de l'auteure de l'article est-il positif ou négatif ?

Cochez la case correspondant à votre réponse et inscrivez dans la colonne « Justification » le passage de l'article qui convient.

Aspect du film	Avis positif	Avis négatif	Justification
La vision de la société			
Les scénario			
Les décors			
L'image			

Activité 89 Voici une expression qui illustre le thème du film :

« Avec *Comme une image,* Jaoui propose un film sur la soumission et le pouvoir. »

Retrouvez dans l'article une expression de même sens.

....

4- Lire des instructions

Mr. BRICOLAGE
On peut compter sur lui

Les archives des magazines Mr. Bricolage
Les Fiches Magazine

PISCINE : MODE D'EMPLOI

Extrait magazine n° 41 : Juin/Juillet 2001

La piscine est un lieu de détente par excellence. Mais une piscine agréable se mérite. Et il ne serait pas honnête de dire qu'elle ne demande pas de soins ; elle exige au contraire un entretien qui demande du temps et de l'attention. De quoi s'occuper pendant une bonne journée !

Les produits miracles, les appareils qui font tout tout seuls n'existent pas ! Une piscine est avant tout une pièce d'eau comme une autre, et l'eau est un support de vie… qui ne demande qu'à la favoriser sous toutes ses formes, y compris celles qui rendent vite une piscine impropre à la baignade.

La notion d'eau « pure » et parfaitement équilibrée, sans micro-organismes, sans algues, sans bactéries est pour ainsi dire contre nature. Elle relève aussi un peu de l'utopie et c'est pourtant le but à atteindre si l'on veut une eau claire et saine.

La filtration

Il n'est pas question d'étudier ici le système de filtration lui-même mais d'insister sur la nécessité du nettoyage de celui-ci. Un petit coup d'œil chaque jour ne nuira jamais.

Un filtre colmaté est un filtre… qui ne filtre plus rien. L'ennemi, ici, est le calcaire qui bouche le filtre. Pour éviter cela, on utilise un produit détartrant, spécialement conçu à cet usage. L'opération n'est guère compliquée, puisqu'il suffit de verser la solution concentrée dans le corps du filtre, de le remplir d'eau et de laisser agir quelques heures, puis de rincer abondamment. Il faut le faire deux fois par an au minimum, l'une pour l'hivernage, l'autre en milieu de saison. Le même genre d'opération est à envisager pour les canalisations, si l'eau est très calcaire.

La ligne d'eau

C'est la limite qui se situe entre la surface de l'eau et les parois de la piscine, souvent juste en dessous de la margelle[1]. C'est là que se fixent le tartre et les dépôts graisseux, ferreux et de magnésium. Pas d'autre solution que la brosse, avec un bon détartrant et un gel dégraissant. Plus on espace les nettoyages, et plus les dépôts sont tenaces à éliminer ! Un petit nettoyage quotidien ne demande que quelques minutes, alors qu'il faut des heures si on laisse le tartre et les graisses s'accumuler.

Les algues

La contamination d'une piscine par les algues peut se faire de mille façons. Mais il n'y en a qu'une pour s'en débarrasser : les algicides. La lutte doit de plus être constante, et si l'on n'y prend pas garde, les algues reviennent toujours. Car en plus, il n'y a pas qu'une algue, mais « des » algues : algue verte flottante qui fait virer l'eau au vert, rend les parois laiteuses et glissantes ; algue jaune qui gagne prioritairement les parois à l'ombre, très résistante ; algue noire qui s'établit en couches successives et résiste souvent de ce fait à plusieurs nettoyages.

On ne saurait trop conseiller l'utilisation de produits anti-algues préventifs et actifs, également, contre les mycoses[2], vecteur[3] bien connu de contamination.

Et la sécurité avant tout !

La piscine n'est pas complètement une pièce d'eau comme les autres, dans la mesure où il est relativement difficile d'en sortir. Un jeune enfant qui tombe à l'eau, même en sachant un peu nager, peut paniquer et ne pas parvenir à rejoindre une échelle.

Il est donc indispensable d'établir une clôture de protection autour de la piscine. Certains fabricants se sont penchés sur ce problème et proposent des clôtures discrètes et pas excessivement hautes (1m20). Le portillon est l'élément de sécurité majeur. Optez pour un modèle à ferme-porte automatique, sans poignée, que seul un adulte puisse ouvrir, avec une clé, la serrure étant placée côté piscine pour que de petites mains ne l'ouvrent pas.

En complément, notez qu'il existe aussi des détecteurs électroniques de passage ou de chute, donnant immédiatement l'alarme dans la maison en cas d'accident.

Tous les conseils et bien d'autres vous attendent dans les magasins Mr. Bricolage !

http://www.mr-bricolage.fr/modules/espconseil/fiches_magazine/Mb41-09.html

1 **margelle :** une assise en pierre qui forme le rebord d'un puits ou d'une piscine

2 **mycose :** problème de peau provoqué par des champignons

3 **vecteur :** élément qui transmet la contamination

Comrendre la situation

Activité 90 Ce document a été rédigé pour :

❑ **a.** donner des conseils aux propriétaires de piscines
❑ **b.** faire de la publicité pour les piscines
❑ **c.** parler de l'utilisation des piscines privées en France
❑ **d.** faire de la publicité pour la chaîne des magasins Mr. Bricolage

Activité 91 Lisez le texte, vérifiez si les affirmations correspondent ou non à ce que vous avez lu.

1. Tout le monde souhaite que l'eau de piscine soit de qualité irréprochable.
❑ vrai
❑ faux

2. Il y a actuellement sur le marché des produits d'entretien pour piscines qui évitent aux propriétaires tout l'effort.
❑ vrai
❑ faux

3. La piscine est une pièce d'eau comparable à une salle de douche, aussi bien au niveau de l'entretien que de la sécurité.
❑ vrai
❑ faux

4. Il faut absolument construire autour de la piscine une clôture équipée d'une porte fermant à clé.
❑ vrai
❑ faux

Identifier les informations à rechercher dans le document

Activité 92 Vous avez une piscine à entretenir. Que devez-vous faire ?

1. Combien de fois par an devrez-vous nettoyer le filtre et les canalisations ?

....

2. À quelle époque de l'année ?

....

3. En combien d'étapes allez-vous procéder au nettoyages du filtre et des canalisations ?

....

4. Pour nettoyer les parois au niveau de la surface de l'eau, on utilise :
a. combien d'outils ? ....
b. combien de produits ? ....

Activité 93 Répondez.

1. Quel est l'ennemi principal de votre piscine ?

....

2. Quel est le nom de cette forme de contamination qui se dépose principalement sur les parois de la piscine situées du côté non ensoleillé.

....

3. Quels produits permettent de lutter contre ce problème ?

....

activité 94

1. Indiquez le nom d'une installation qui permet de surveiller la piscine à distance, afin d'éviter les accidents.

....

2. Trouvez quatre caractéristiques d'un portail de clôture pour piscines, conseillé par Mr. Bricolage.

    a. ....

    b. ....

    c. ....

    d. ....

3. Repérez l'expression utilisée pour qualifier une piscine que l'on ne peut pas utiliser, par exemple à cause de la mauvaise qualité de l'eau.

....

4. Retrouvez un autre terme utilisé dans le texte pour désigner le calcaire.

....

activité 95

Selon les informations données dans le texte, trouvez...

1. les raisons qui empêchent un filtre colmaté de filtrer :

    ❏ **a.** le calcaire

    ❏ **b.** l'usure qui vient avec le temps

    ❏ **c.** un défaut de fabrication

    ❏ **d.** le colmatage par les algues

2. les raisons qui empêchent les parois de la piscine de se salir au niveau de la surface de l'eau :

    ❏ **a.** les micro-organismes

    ❏ **b.** les produits chimiques utilisés pour le nettoyage

    ❏ **c.** le nettoyage effectué tous les jours

    ❏ **d.** des substances présentes dans l'eau comme par exemple le fer

3. les raisons qui empêchent de faire disparaître les algues :

    ❏ **a.** effort permanent d'entretien

    ❏ **b.** nettoyages irréguliers

    ❏ **c.** non-utilisation de produits adaptés

    ❏ **d.** utilisation régulière de produits spécifiques

Dégager des informations utiles pour agir

Situation

Nous sommes le 15 juin. Laurent vient d'installer une piscine dans le jardin de sa maison de campagne. Dans la région où se trouve sa résidence secondaire, l'eau est très calcaire. Par ailleurs, cet été, son frère Thomas viendra lui rendre visite en août et restera deux semaines avec ses enfants : Camille, deux ans et Matéo, cinq ans. Laurent est en train de rédiger une fiche-mémoire concernant l'entretien de sa piscine et les équipements à installer avant l'arrivée de ses neveux.

Complétez la fiche-mémoire de Laurent :

La piscine

1. Avant l'arrivée de Thomas, commander et faire installer :
a. ....
b. ....
c. ....

2. Pour anticiper la contamination par les algues, il est indispensable d'acheter :
....

3. Pour que les parois restent propres, tous les jours, je dois utiliser :
a. ....
b. ....
c. ....

4. Pour procéder au nettoyage du filtre et des canalisations avec mon produit, il me faut :
a. le .... dans ....
b. les ....
c. ....
d. les ....

ÉPREUVES TYPES

➤ **Activité 97**

Situation

Vous souhaitez passer un mois de vacances en France et en profiter pour perfectionner votre français dans le but de vous préparer à un diplôme de niveau B2.

Vous voulez suivre un cours de français (une demi-journée) et disposer d'un logement indépendant.

Par ailleurs, vous désirez consacrer l'autre demi-journée à des activités de votre choix : pratique de la natation (votre sport favori), visite des lieux connus, découverte de la gastronomie française, rencontres avec des habitants de la région et toute autre manière de multiplier les occasions de parler français.

Vous hésitez entre les deux organismes suivants

Agence de Français Langue Étrangère
« Atalante Innovations »
à Limoges (Limousin)

Activités pédagogiques :

Cours de **langue** tous niveaux, de **A1** à **C2** :
– **extensifs** (10H00 – 12H00 ou 14H00 – 16H00)
– **intensifs** (10H00 – 12H00 et 14H00 – 16H00).
Sessions : **2,3, 4, 6** et **8 semaines,** renouvelables.
Préparation aux examens proposés par le centre.

Certifications :

DELF et **DALF** (tous niveaux).
Diplômes d'**Atalante Innovations** (niveaux A2, B2, C2).

Hébergement :

Au choix :
– **résidence universitaire** (chambres doubles),
– **chambre chez l'habitan**t (pension complète ou demi-pension).

Activités culturelles et loisirs :

Dégustation de **produits locaux** dans les restaurants des environs et les fermes limousines. **Visite de la région.**
En soirée : sorties **cinéma** et **spectacles, atelier chanson** animé par des chanteurs professionnels invités par le centre.
Sur le campus : médiathèque, cinémathèque, cybercafé, salle de sport, terrains de tennis, foyer-bar, salle de spectacles, piscine.

Contact avec les francophones :

Sur le campus universitaire, **deux clubs** : **« échange-langue »** (échange d'heures de conversation avec les Français) et **« rencontres »** (pour entrer en contact avec les étudiants de l'université de Limoges).

ÉCOLE INTERNATIONALE DE L'ALLIANCE FRANÇAISE DE PARIS
(Île-de-France)

Activités pédagogiques

Français général tous niveaux de A1 à C2 :
– extensifs de 2h/jour (matin et après-midi : plusieurs horaires possibles)
– intensifs de 4h/jour (au choix : matin ou après-midi)
Sessions : de 2 semaines ou mensuelles, renouvelables.
Préparation aux diplômes de l'Alliance Française, DELF et DALF (tous niveaux)

Certifications

Diplômes de l'Alliance Française (tous niveaux).
DELF (niveaux A1 à B2).
Attention : pour le lieu de passation du DALF, nous consulter.

Hébergement

Plusieurs formules :
en hôtels de tourisme, dans un foyer d'étudiants
(chambres de 1, 2, 3 personnes) ou en studio en ville.

Activités culturelles et loisirs

Activités culturelles: visites organisées de Paris, excursions en Île-de-France
le week-end, découverte des spécialités de différentes régions : le célèbre
« Tour de France en 40 plats » animé par une équipe de jeunes chef cuisiniers.

Équipements : centre de ressources multimédia, espace Internet, vidéoclub, cafétéria,
salle de sport (à deux pas de l'école).

Contact avec les francophones

Notre service social met en relation les étudiants de l'école avec des Parisiens
(nombreuses activités : échange de conversation, visites, sorties,
activités sportives...)

Exercice

Pour chacun des centres de langue, et pour chacun des critères, mettez une croix (X) dans la case « offre adaptée » ou « offre non adaptée ».

	Agence de Français Langue Étrangère « Atalante Innovations » à Limoges		École Internationale de l'Alliance Française de Paris	
	Offre adaptée	Offre non adaptée	Offre adaptée	Offre non adaptée
Horaires de cours				
Préparation à un diplôme niveau B2				
Logement indépendant				
Pratique de la natation				
Rencontres avec les habitants de la région				

➤ **Activité 98**

DOCUMENT

3 QUESTIONS *à Gérard Lacoste, de l'Iaurif**

Acheter son logement ?
Attention au « taux d'effort »

L'enquête « logement » de l'Insee a lieu tous les quatre ans. **Quelle est la nature de la crise ?**
Je parlerai de panne du logement. Il y a une crispation sur les « entrants » dans le marché immobilier francilien. Notamment les jeunes ou les provinciaux qui veulent s'installer à Paris. Pour ceux qui sont déjà logés, la qualité des logements n'a cessé de s'améliorer depuis 50 ans. Je suis mieux logé que mes parents. Mais mes enfants ? Je ne suis pas sûr qu'ils trouveront en Ile-de-France un logement correspondant à leurs revenus en début de vie.

Une famille parisienne qui veut s'agrandir peut-elle se reloger à Paris ?
Lorsqu'une famille veut déménager, elle choisit de plus en plus d'acheter son logement. Mais les situations des accédants sont très contrastées. On constate un embourgeoisement des accédants récents [qui ont acheté depuis moins de 4 ans] et, pour les accédants les plus modestes, un « taux d'effort » [la part des revenus consacrée au logement] qui atteint des niveaux insupportables, jusqu'à 35% des revenus.

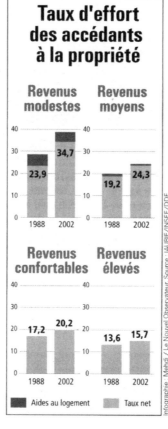

Taux d'effort des accédants à la propriété

Revenus modestes — 1988 : 23,9 ; 2002 : 34,7

Revenus moyens — 1988 : 19,2 ; 2002 : 24,3

Revenus confortables — 1988 : 17,2 ; 2002 : 20,2

Revenus élevés — 1988 : 13,6 ; 2002 : 15,7

■ Aides au logement   ■ Taux net

Infographie : Mehdi / Le Nouvel Observateur. Source : IAURIF/INSEE/DDE

Pourtant, dans vos tableaux, le « taux d'effort » des accédants bouge peu depuis 1988.
Il s'agit de moyennes trompeuses. Dans le détail, on s'aperçoit que les candidats à l'accession sont nettement plus aisés que le ménage moyen d'Ile-de-France [ils gagnent 44% de plus], ils ont donc un apport personnel plus important, empruntent moins et à des taux d'intérêt beaucoup plus bas qu'en 1988. Malgré la hausse des prix, leur taux d'effort à eux est plutôt à 15 ou 16%. Et ils tirent la moyenne vers le bas.

Et les locataires ?
Les locataires récents [moins de 4 ans] du secteur libre ont fait la preuve de leur solvabilité. Et on s'aperçoit que le logement pèse plus sur leurs revenus qu'en 1988. Notre enquête s'arrête pourtant en 2002, c'est-à-dire à la fin de l'embellie économique qu'a connue l'Ile-de-France. Depuis, le chômage s'est accru dans la région, et les tendances à la hausse du logement ont été confirmées : on peut estimer que le taux d'effort des locataires a augmenté de 2% depuis 2002. Le loyer représente donc environ 25% des revenus dans le secteur libre et 20% en HLM.

■ Recueilli par CRL

* IAURIF : Institut d'aménagement et d'urbanisme de la région d'Ile-de-France.

18 ParisObs   Du 18 au 24 novembre 2004

Le Nouvel Observateur Paris Île-de-France

Lexique :
INSEE : Institut national de la statistique et des études économiques
crispation : mouvement d'irritation, d'impatience, tension, conflit
accédant (à la propriété) : ici, acheteur
apport personnel : ici, la somme d'argent que l'on peut investir immédiatement au moment de l'achat
taux d'intérêt : pourcentage annuel à payer pour une somme empruntée
solvabilité : possibilité, capacité de payer (par exemple ses dettes, son crédit…)
HLM : habitations à loyer modéré ; logements aux loyers peu coûteux, construits par les pouvoirs publics et réservés aux personnes qui ont des revenus peu élevés

Lisez le texte ci-dessus, puis répondez aux questions des exercices suivants, en cochant (X) la bonne réponse, ou en écrivant l'information demandée.

Exercice 1

Ce document a pour but :

❏ de prévenir les lecteurs des risques qu'entraîne l'achat d'un logement, selon le niveau des revenus ;

❏ d'informer sur l'évolution des conditions d'achat et de location d'un logement, en fonction des revenus ;

❏ d'encourager le public plutôt riche à acheter et les lecteurs plus modestes à louer un logement.

Exercice 2

Citez d'après le texte :

a. le nom complet de l'institution qui étudie, entre autres, l'évolution du parc immobilier de la région parisienne

....

....

b. le terme utilisé dans l'article pour désigner la partie du salaire mensuel destinée à payer le logement

....

c. deux raisons qui ont provoqué l'augmentation des frais de location d'un logement entre 2002 et 2004 en Île-de-France

....

....

Exercice 3

1. Dans l'article, Gérard Lacoste craint :
   ❏ a. que, dans les années qui viennent, les jeunes ne puissent plus acheter de logement aussi facilement qu'avant 2002 ;
   ❏ b. qu'à l'avenir, les jeunes ménages ne trouvent plus de logement au moment voulu ;
   ❏ c. que les futurs jeunes acheteurs demandent des logements de plus en plus grands.
2. Selon les statistiques :
   ❏ a. plus on gagne, plus on paie parce qu'on achète ou loue un logement plus grand ;
   ❏ b. plus on gagne, plus le pourcentage du salaire consacré au logement augmente ;
   ❏ c. plus on gagne, plus le pourcentage des revenus consacré au logement baisse.
3. Selon Gérard Lacoste, les revenus moyens d'une famille qui achète un logement :
   ❏ a. sont inférieurs à ceux d'un ménage moyen de l'Île-de-France ;
   ❏ b. sont supérieurs à ceux d'un ménage francilien moyen ;
   ❏ c. sont égaux à la moyenne générale de la région parisienne.

Exercice 4

Écrivez l'information demandée.

a. En 2002, quel est, en moyenne, le pourcentage des revenus consacré au logement chez les acheteurs les plus riches ?

....

b. Quelle est l'évolution du montant des aides au logement en fonction du salaire des propriétaires ? (**complétez la phrase ci-dessous**)

Plus il augmente, plus elles ....

Exercice 5

Dites si les affirmations suivantes sont vraies ou fausses et justifiez votre choix en citant un passage du texte.

a. Selon Gérard Lacoste, en 2004, quand un ménage décide de changer de logement, il a de plus en plus souvent tendance à louer plutôt qu'à acheter.

❑ vrai

❑ faux

Justification :

....

....

b. En 2004, la partie des revenus mensuels consacrée à payer le loyer est devenue plus importante qu'en 1988.

❑ vrai

❑ faux

Justification :

....

....

....

AUTO-ÉVALUATION

Vous avez fait les activités de compréhension écrite du DELF B1.
À présent, dites :

    1. si vous êtes capable de comprendre globalement un texte écrit ;
    2. si vous savez analyser son contenu ;
    3. si vous pouvez utiliser les éléments compris pour agir ;
    4. quels types de textes vous pouvez lire.

Si vous répondez « pas très bien » ou « pas bien du tout », refaites les activités concernées.

	Très bien	Assez bien	Pas très bien	Pas bien du tout
➤ *1. Comprendre globalement un texte écrit*				
Je peux reconnaître sa nature d'après sa forme et sa typographie.	❏	❏	❏	❏
Je peux identifier la situation dans laquelle il a été produit.	❏	❏	❏	❏
Je peux repérer sa source.	❏	❏	❏	❏
Je peux saisir les informations principales.	❏	❏	❏	❏
➤ *2. Analyser le contenu d'un texte*				
Je peux identifier les différentes parties du texte et comprendre leurs fonctions.	❏	❏	❏	❏
Je peux comprendre leur articulation.	❏	❏	❏	❏
Je peux dégager les mots clés.	❏	❏	❏	❏
Je peux définir avec précision le sujet traité dans le document.	❏	❏	❏	❏
Je peux repérer des détails en rapport avec les informations principales.	❏	❏	❏	❏
Je peux saisir ses principales conclusions.	❏	❏	❏	❏
➤ *3. Utiliser les éléments compris*				
Je peux tirer une conclusion.	❏	❏	❏	❏
Je peux prendre, modifier ou adapter une décision.	❏	❏	❏	❏
Je peux accomplir une action précise.	❏	❏	❏	❏
➤ *4. Lire*				
Je peux lire des lettres.	❏	❏	❏	❏
Je peux lire des messages électroniques.	❏	❏	❏	❏
Je peux lire des prospectus (dépliants) informatifs.	❏	❏	❏	❏
Je peux lire de courts documents officiels.	❏	❏	❏	❏
Je peux lire des articles (de presse ou en ligne).	❏	❏	❏	❏
Je peux lire des modes d'emploi.	❏	❏	❏	❏

PRODUCTION ÉCRITE

CHAPITRE 3
ACTIVITÉS D'ÉCRITURE ET DE RÉDACTION DES ÉCRITS

➤ *Description des activités*

Les activités proposées pour le travail de la « rédaction des écrits » sont organisées en trois parties :

1. Correspondance ;
2. Notes, messages et formulaires ;
3. Essais et rapports.

Vous serez invité(e) à rédiger différents types de textes, tels que, par exemple : lettres formelles et informelles, messages électroniques, notes, messages, rapports, brefs articles de journal ou encore pages de journal intime.

Dans l'ensemble, ils appartiennent aux quatre domaines suivants : **personnel, public, professionnel** et **éducatif**.

Afin de développer votre capacité à **produire ces différents types d'écrits,** nous vous proposons un certain nombre d'activités dans lesquelles vous vous entraînerez à :

– identifier le type d'écrit à produire ;
– repérer les indications concernant son contenu ;
– trouver des formulations adaptées ;
– structurer votre texte ;
– le mettre en forme.

➤ *Démarche*

Pour réussir la partie « rédaction des écrits », vous travaillerez à développer votre capacité de rédaction dans le but de bien :

– **identifier la nature du texte à produire,** c'est-à-dire être capable d'identifier le type d'écrit attendu et de repérer les indications précises concernant son contenu ;
– **trouver des formulations adaptées à la situation,** c'est-à-dire pouvoir choisir des formulations adéquates aux idées que vous voulez exprimer et aux destinataires de votre écrit ;
– **structurer votre texte,** c'est-à-dire hiérarchiser les informations et les organiser en paragraphes ;
– **mettre en forme votre rédaction,** c'est-à-dire utiliser la matrice de texte qui convient à la nature de votre écrit et à la situation.

➤ *Déroulement et contenu de l'épreuve*

Cette partie de l'examen est composée **d'une seule épreuve** où vous êtes invité(e) à rédiger un texte appartenant à l'une des catégories d'activités annoncées plus haut. Pour vous aider, nous vous donnons quelques indications.

• **Correspondance :** en ce qui concerne cette catégorie, vous avez à démontrer que vous êtes capable de produire :
– une **lettre** ou un **message électronique personnels** dans lesquels <u>vous donnez de vos nouvelles,</u> <u>vous décrivez en détail une expérience, un événement et vos sentiments à ce sujet, vous émet</u><u>tez une opinion, vous demandez de l'aide, un conseil ou en offrez</u>…
– une **lettre formelle,** par exemple une <u>lettre de motivation</u> ou <u>de réclamation.</u>

• **Notes, messages et formulaires :** placé(e) dans un contexte privé ou professionnel, vous serez amené(e) à rédiger un **message** ou un **courriel** <u>en transmettant des informations pertinentes,</u> <u>en</u> <u>donnant des instructions ou des conseils,</u> <u>en exprimant votre hésitation,</u> <u>en demandant des</u> <u>précisions,</u> etc.

• **Essais et rapports :** pour cette catégorie d'activités, vous devez rédiger :
– à l'attention de vos collègues de travail ou de vos supérieurs, un court **rapport** relatant par exemple <u>un événement précis (la visite d'un salon, le rendez-vous avec un client, le déroulement</u> <u>d'une réunion),</u> <u>donnant votre opinion</u> et <u>expliquant les actions entreprises ;</u>
– un bref **article de journal,** une **lettre ouverte** pour la rubrique de courrier de lecteurs ou encore une **page de journal intime** dans lesquels <u>vous rendez compte d'une expérience</u> vécue ou imaginaire, <u>vous décrivez vos réactions et vos sentiments,</u> <u>vous donnez vos impressions et émettez</u> <u>un jugement sur un sujet précis.</u>

ACTIVITÉS DE MISE EN ROUTE

Situation n°1

Vous venez de faire une rencontre inoubliable et vous décidez d'en garder trace dans votre journal intime. Les photos du lieu et de la personne rencontrée accompagneront le récit de cette expérience : indiquez le moment, l'endroit, décrivez avec précision cet événement et vos sentiments à ce sujet. Expliquez en quoi cette rencontre vous semble importante.

A

B

Situation n°2

Le magazine français *Voyage* tient une rubrique intitulée « Mon voyage préféré » où il publie les expériences de voyages racontées par ses lecteurs.
Vous décidez d'y faire paraître le récit d'un de vos voyages. Présentez-vous, décrivez en détail votre expérience (période, destination, conditions, déroulement, rencontres faites...) et expliquez en quoi elle vous paraît digne d'intérêt. N'oubliez pas de trouver un titre pour votre article.

Situation n°3

Cette offre d'emploi, publiée dans *Liberté,* la semaine dernière (réf. BV 65 41) vous intéresse. Rédigez la lettre de motivation qui accompagnera votre dossier de candidature à ce poste.

La première entreprise européenne, prestataire de services touristiques

AGENCE EURO-VOYAGES

Pour poursuivre le succès phénoménal de notre Agence, nous recherchons pour une prise de poste rapide :

3 GUIDES INTERNATIONAUX

Votre mission :
Accueil et accompagnement de nos clients français, anglais et espagnols.

Votre profil :
Diplômé(e) d'une école de tourisme, vous possédez une forte capacité d'adaptation, un sens de l'organisation à toute épreuve et un niveau de français, d'anglais et d'espagnol permettant de communiquer avec aisance avec nos clients et nos partenaires sur le lieu de destination.

Merci d'adresser votre candidature (lettre, CV, photocopie du diplôme le plus élevé, attestations de travail...) à :
AGENCE EURO-VOYAGES
Directeur des Ressources humaines
109, rue Bonaparte
75007 Paris

Informations complémentaires
Salaire : 20 à 25 K€ par an (+ 13e mois)
Type de poste : Plein temps, CDI

Situation n°4

À la dernière réunion des chefs de services, la direction vous a fait part des changements concernant les conditions de travail du personnel de l'entreprise. Rédigez une note de service pour en informer votre équipe : expliquez les circonstances et annoncez les décisions prises par la direction.

Situation n°5

Cela fait une dizaine d'années que vous n'aviez pas revu Alex et justement, hier vous vous êtes croisé(e)s par hasard ! Vous rédigez un mail à Corinne, votre amie commune, pour lui annoncer cette nouvelle, lui raconter en détail les circonstances et le déroulement de cette rencontre ainsi que votre réaction. Vous lui donnez aussi des novelles d'Alex et vous proposez un rendez-vous de retrouvailles à trois.

Identifier la nature du texte à produire

Activité 99   Lisez les cinq situations, remplissez le tableau.

Situation	Type de texte à rédiger	À adresser à...	Éléments à développer dans votre texte
1.			
2.			
3.			
4.			
5.			

Trouver des formulations adaptées à la situation

activité 100

Situation n° 1

Pour l'ensemble du texte, vous choisirez des formulations :

❏ a. plutôt familières

❏ b. soutenues

❏ c. cela n'a pas beaucoup d'importance : l'une ou l'autre, en fonction du ton que vous avez l'habitude d'adopter dans votre journal intime

activité 101

Situation n° 2

Quelle formule de présentation vous semble adaptée aux circonstances ?

❏ a. Pour identifier le héros principal de cette aventure, je vous dois quelques détails concernant mon identité. Je m'appelle Michel, j'ai 30 ans et je travaille chez Michelin comme informaticien.

❏ b. Moi c'est Michel, juste la trentaine, boulot dans l'informatique.

❏ c. Prénom : Michel

Âge : 30 ans

Profession : informaticien

❏ d. J'ai l'honneur de me présenter : Michel Durand, 30 ans. L'informatique, ma passion principale, constitue également le domaine dans lequel j'exerce professionnellement. À présent, je mets mes talents au service de l'entreprise Michelin.

activité 102

Situation n° 3

1. Quelle formule d'appel choisirez-vous pour votre lettre de candidature ?

❏ a. Bonjour Madame, Monsieur,

❏ b. Chers Madame, Monsieur,

❏ c. Madame, Monsieur,

2. Quelle est la formule la plus adaptée pour finir cette lettre ?

❏ a. Je vous adresse, *[formule d'appel choisie au début de la lettre],* mes salutations les plus cordiales.

❏ b. Dans l'attente d'une réponse de votre part, je me tiens à votre disposition pour tout renseignement complémentaire et vous prie d'agréer, *[formule d'appel choisie au début de la lettre],* mes salutations distinguées.

❏ c. *[formule d'appel choisie au début de la lettre],* bien à vous.

activité 103

Situation n° 4

Quelle formulation de la liste proposée convient à une note de service ?

❏ a. À toute l'équipe,

Suite à l'implantation de notre entreprise sur le marché…

❏ b. Très chers collègues,

Comme vous le savez bien, l'implantation de notre entreprise sur le marché…

❏ c. Mes chers amis,

Je m'adresse à vous aujourd'hui pour vous annoncer une grande nouvelle : l'implantation de notre entreprise sur le marché…

Activité 104 Situation n° 5

Quelles formules allez-vous utiliser dans votre message électronique ?

1. Au début :

❏ a. Bonjour Madame, Bonjour Mademoiselle.

❏ b. Bonjour, Bonjour Corinne, Chère Corinne, Salut Corinne.

❏ c. Chère Madame, Chère Mademoiselle.

2. À la fin :

❏ a. Amitiés, Amicalement, Bises, Bisou, etc.

❏ b. Je te prie d'agréer mes salutations les plus cordiales.

❏ c. Dans l'attente de votre réponse, je vous prie de recevoir l'expression de mes sentiments les meilleurs.

Structurer le texte :
hiérarchiser les informations et organiser le texte

Activité 105 Situation n° 3

A. Associez les passages rédigés aux différentes parties de la lettre.

Les différentes parties de la lettre	Les passages correspondants
a. solliciter un entretien **b.** parler de sa motivation **c.** annoncer le motif de la lettre **d.** se présenter en parlant de ses études, de son expérience professionnelle, de ses connaissances…	**1. Après** avoir terminé mes études à l'École supérieure de tourisme, j'ai suivi deux stages d'une durée de six mois à Eurotours et aux Nouvelles Frontières **où** j'ai acquis une solide expérience du travail. Je possède **également** une bonne maîtrise du français, de l'anglais et de l'espagnol, **particulièrement** dans le domaine de l'hôtellerie et du tourisme.
	2. En référence à l'annonce parue dans « *Liberté* », le (*la date*), je me permets de présenter ma candidature au poste de guide international au sein de votre entreprise.
	3. Je me tiens **donc** à votre entière disposition pour vous exposer plus précisément, **lors d'**un entretien, mes motivations à rejoindre l'équipe d'accompagnateurs internationaux de votre agence.
	4. Ainsi, un solide cursus de formation et deux stages effectués auprès de voyagistes de renom, m'ont permis de confirmer mon choix et de développer mes capacités d'organisation et d'adaptation. Ils m'ont **également** donné l'occasion de mettre à l'épreuve ma connaissance du français, de l'anglais et de l'espagnol dans le contexte professionnel.

a.	b.	c.	d. ....

B. Dans quel ordre devriez-vous les ranger pour rédiger une lettre de candidature en français ?

....

....

....

....

activité 106

Situation n° 3

Complétez les formulations proposées pour (modifiez le texte, si nécessaire…) :

a. solliciter un entretien

.... un entretien, je reste .... à votre entière disposition pour tout renseignement complémentaire .... mon parcours professionnel et mes motivations.

b. parler de sa motivation

.... en travaillant .... deux agences de voyage concurrentes, j'ai mis à profit ma connaissance du français, de l'anglais et de l'espagnol .... leur pratique au quotidien. J'ai .... développé mes capacités d'organisation et d'adaptation en travaillant .... en Europe, en Asie et en Amérique Latine.

c. annoncer le motif de la lettre

Votre offre .... dans le journal « *Liberté* » du (*la date*), m'a vivement intéressée. .... je vous propose de .... ma candidature.

d. se présenter en parlant de ses études, de son expérience professionnelle, de ses connaissances…

Mon expérience m'a conduite à occuper plusieurs postes de guide, ... différents secteurs. .... une agence européenne de tourisme me passionne. .... c'est un secteur dynamique .... permet de démontrer des capacités d'adaptation, le goût du service client et une grande disponibilité.

activité 107

Situation n° 3

Trouvez une autre formulation pour :

a. solliciter un entretien

....

....

....

....

b. parler de votre motivation

....

....

....

c. annoncer le motif de votre lettre

....

....

....

....

d. vous présenter en parlant de vos études, de votre expérience professionnelle, de vos connaissances...

....

....

....

....

Mettre en forme la rédaction :
les différentes présentations de textes

XXXXXXX XXXXXXXXX (1) **A**

xxxxxxxxxxxxxxxxxxxxxxxxxxxxxxxxxxxxxxxxxxxxxxxxxxxxx
xxxxxxxxxxxxxxxxxxxxxxxxxxxxxxxxxxxxxxxxxxxxxxxxxxxxx
xxxxxxxxxxxxxxxxxxxxxxxxxxxxxxxxxxxx (2)

Xxxxxxxxxxxxxxxxxxxxxxxxxxxx   xxxxxxxxxxxxxxxxxxxxxxxxxxx
xxxxxxxxxxxxxxxxxxxxxxxxxxxxxxx   xxxxxxxxxxxxxxxxxxxxxxxxxxx
xxxxxxxxxxxxxxxxxxxxxxxxxxxxxxx   xxxxxxxxxxxxxxxxxxxxxxxxxxx
xxxxxxxxxxxxxxxxxxxxxxxxxxxxxxx   xxxxxxxxxxxxxxxxxxxxxxxxxxx
xxxxxxxxxxxxxxxxxxxxxxxxxxxxxxx   xxxxxxxxxxxxxxxx (5)
xxxxxxxxxx (3)
                                    xxxxxxxxxxxxxxxxxxxxxxxxxxx
xxxxxxxxxxxxxxxxxxxxxxxxxxxxxxx   xxxxxxxxxxxxxxxxxxxxxxxxxxx
xxxxxxxxxxxxxxxxxxxxxxxxxxxxxxx   xxxxxxxxxxxxxxxxxxxxxxxxxxx
xxxxxxxxxxxxxxxxxxxxxxxxxxxxxxx   xxxxxxxxxxxxxxxxxxxxxxxxxxx
xxxxxxxxxxxxxxxxxxxxxxxxxxxxxxx   xxxxxxxxxxxxxxxxxxxxxx (6)
xxxxxxxxxxxxxxxxxxxxxxxxxxxxxxx
xxxxxxxxxxxxxxxxxxxxxxxxxxxxxxx   xxxxxxxxxxxxxxxxxxxxxxxxxxx
xxxxxxxxxxxxxxxxxxxxxxxxxxxxxxx   xxxxxxxxxxxxxxxxxxxxxxxxxxx
xxxxxxxxxxxxxxxxxxxxxxxxxxxxxxx   xxxxxxxxxxxxxxxxxxxxxxxxxxx
xxxxxxxxxxxxxxxxxxxxxxxxxxxxxxx   xxxxxxxxxxxxxxxxxxxxxxxxxxx
xxxxxxxxxxxxxxxxxxxxxxxxxxxxxxx   xxxxxxxxxxxxxxxxxxxxxxxxxxx
xxxxxxxxxxxxxxxxxxxxxx (4)   xxxxxxxxxxxxxxxxxxxxxxxxxxx
                                    xxxxxxxxxxxxxxxxxxxxxxxxxxx
xxxxxxxxxxxxxxxxxxxxxxxxxxx   xxxxxxxxxxxxxxxxxxxxxxxxxxx
xxxxxxxxxxxxxxxxxxxxxxxxxxxxxxx   xxxxxxxxxxxxxxxxxxxxxxxxxxx
xxxxxxxxxxxxxxxxxxxxxxxxxxxxxxx   xxxxxxxxxxxxxxxxxxxxxxxxxxx
xxxxxxxxxxxxxxxxxxxxxxxxxxxxxxx   xxxxxxxxxxxxxxxxxxxxxxxxxxx
xxxxxxxxxxxxxxxxxxxxxxxxxxxxxxx   xxxxxxxxxxxxxxxxxxx (7)

Xxxxxxx, xx xx xxxx (1) **B**

Xxxxxxxxxxxxxxxxxxxxxxxxxxxxxxxxxxxxxxxxxxxxxxxxxxx
xxxxxxxxxxxxxxxxxxxxxxxxxxxxxxxxxxxxxxxxxxxxxxxxxxxxx
xxxxxxxxxxxxxxxxxxxxxxxxx (2)
xxxxxxxxxxxxxxxxxxxxxxxxxxxxxxxxxxxxxxxxxxxxxxxxxx
xxxxxxxxxxxxxxxxxxxxxxxxxxxxxxxxxxxxxxxxxxxxxxxxxxxx
xxxxxxxxxxxxxxxxxxxxxxxxxxxxxxxxxxxxxxxxxxxxxxxx
xxxxxxxxxxxxxx) (3)
xxxxxxxxxxxxxxxxxxxxxxxxxxxxxxxxxxxxxxxxxxxxxxxx
xxxxxxxxxxxxxxxxxxxxxxxxxxxxxxxxxxxxxxxxxxxxxxxx
xxxxxxxxxxxxxxxxxxxxxxxxxxxxxxxxxxxxxxxxxxxxxxxx
xxxxxxxxxxxxxxxxxxxxxxxxxxxxxxxxxxxxxxxxxxxxxxxx
xxxxxxxxxxxxxxxxxxxxxxxxxxxxxxxxxxxxxxxxxxxxxxxx
xxxxxxxxxxxxxxxxxxxxxxxxxxxxxxxxxxxxxxxxxxxxxxxx
xxxxxxxxxxxxxxxxxxxxxxxxxxxxxxxxxxxxxxx (4)
Xxxxxxxxxxxxxxxxxxxxxxxxxxxxxxxxxxxxxxxxxxxxxxxx
xxxxxxxxxxxxxxxxxxxxxxxxxxxxxxxxxxxxxxxxxxxxxxxx
xxxxxxxxxxxxxxxxxxxxxxxxxxxxxxxxxxxxxxxxxxxxxxxx
xxxxxxxxxxxxxxxxxxxxxxxxxxxxxxxxxxxxxxxxxxxxxxxx
xxxxxxxxxxxxxxxxxxxxxxxxxxxxxxxxxxxxxxxxxxxxxxxx
xxxxxxxxxxxxxxxxxxxxxxxxxxxxxxxxxxxxxxxxxxxx (5)

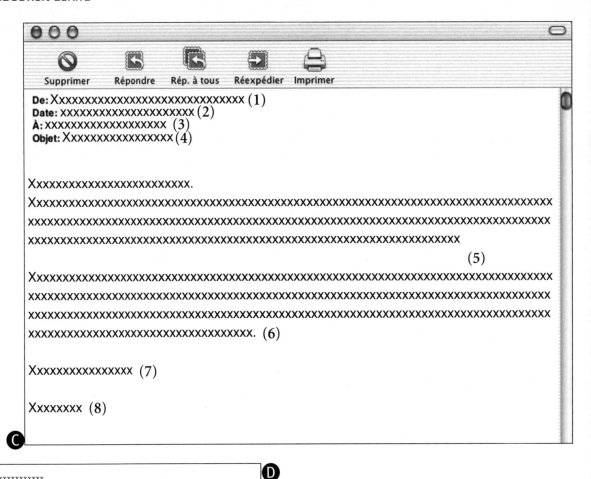

Supprimer **Répondre** **Rép. à tous** **Réexpédier** **Imprimer**

De: Xxxxxxxxxxxxxxxxxxxxxxxxxxxxx (1)
Date: xxxxxxxxxxxxxxxxxxxxx (2)
À: xxxxxxxxxxxxxxxxxxx (3)
Objet: Xxxxxxxxxxxxxxxxx (4)

Xxxxxxxxxxxxxxxxxxxxxxxxx.
Xxxxxxxxxxxxxxxxxxxxxxxxxxxxxxxxxxxxxxxxxxxxxxxxxxxxxxxxxxxxxxx
xxxxxxxxxxxxxxxxxxxxxxxxxxxxxxxxxxxxxxxxxxxxxxxxxxxxxxxxxxxxxxx
xxxxxxxxxxxxxxxxxxxxxxxxxxxxxxxxxxxxxxxxxxxxxxxxxxxxx

(5)

Xxxxxxxxxxxxxxxxxxxxxxxxxxxxxxxxxxxxxxxxxxxxxxxxxxxxxxxxxxxxxxx
xxxxxxxxxxxxxxxxxxxxxxxxxxxxxxxxxxxxxxxxxxxxxxxxxxxxxxxxxxxxxxx
xxxxxxxxxxxxxxxxxxxxxxxxxxxxxxxxxxxxxxxxxxxxxxxxxxxxxxxxxxxxxxx
xxxxxxxxxxxxxxxxxxxxxxxxxxxxxxxxxxxxx. (6)

Xxxxxxxxxxxxxxxxx (7)

Xxxxxxxx (8)

C

D

Xxxxxxxxxxxxxxx
Xxxxxxxxxxxxxxxxx
Xxxxxxxxxxxxxxxxx
Xxxxxxxxxxxxxxxxx
(1)

            Xxxxxxxxxxxxxxxxxx
            Xxxxxxxxxxxxxxxxxx
            Xxxxxxxxxxxxxxxxxx
            Xxxxxxxxxxxxxxxxxx
            (2)

Xxxxxxxxxxxxx (3)
Xxxxxxxxxxxxxxxxxxxxxxxxxxxxxxxxxx (4)

         (5) Xxxxxxxxxxxxxx

   Xxxxxxxx (6)

    Xxxxxxxxxxxxxxxxxxxxxxxxxxxxxxxxxxxxxxxxxxxxxxxxxx
xxxxxxxxxxxxxxxxxxxxxxxxxxxxxxxxxxxxxxxxxxxxx (7)

Xxxxxxxxxxxxxxxxxxxxxxxxxxxxxxxxxxxxxxxxxxxx
xxxxxxxxxxxxxxxxxxxxxxxxxxxxxxxxxxxxxxxxxxxxxxxxx
xxxxxxxxxxxxxxxxxxxxxxxxxxxxxxxxxxxxxxxxxxxxxx (8)

    xxxxxxxxxxxxxxxxxxxxxxxxxxxxxxxxxxxxxxxxxxxxx
xxxxxxxxxxxxxxxxxxxxxxxxxxxxxxxxxxxxxxxxxxxxxxxxx
xxxxxxxxxxxxxxxxxxxxxxxxxxxxxxxxxxxxxxxxxxxxxxxxx
xxxxxxxxxxxxxxxxxxxxxxxxxxxxxxxxxxxxxxxxxxxxxxxxx
xxxxxxxxxxxxxxxxxxxxxxxxxxxxxxxxxxxxxxxxxxxxxxxxx
xxxxxxxxxxxxxxxxxxx (9)

    Xxxxxxxxxxxxxxxxxxxxxxxxxxxxxxxxxxxxxxxxxxx
xxxxxxxxxxxxxxxxxxxxxxxxxxxxxxxxxxxxxxxxxxxxxxx
xxxxxxxxxxxxxxx (10)

    Xxxxxxxxxxxxxxxxxxxxxxxxxxxxxxxxxxxxxxxx
xxxxxxxxxxxxxxxxxxxx (11)

          (12) Xxxxxxxxxxxxx

Xxxxxxxxxxxxxxx (1)
Xxxxxxxxxxxxxx (2)

          Xxxxxxxx (3)

Xxxxxxxxxxxxxxxxx (4)
Xxxxxxxxxxxxxx (5)

Xxxxxxxxxxxxxxxxxxxxxxxxxxxx (6)

Xxxxxxxxxxxxxxxxxxxxxxxxxxxxxxxxxxxxxxx
xxxxxxxxxxxxxxxxxxxxxxxxxxxxxxxx (7)

Xxxxxxxxxxxxxxxxxxxxxxxxxxxxxxxxxxxxxxxxxx
xxxxxxxxxxxxxxxxxxxxxxxxxxxxxxxxxxxxxxxxxx
xxxxxxxxxxxxxxxxxxxxxxxxxxx (8)

Xxxxxxxxxxxxxxxxxxxxxxxxxxxxxxxxxxxxxxxxxx
xxxxxxxxxxxxxxxx (9)

        Xxxxxxxxxxxxxxx
        (10) Xxxxxxx

E

Activité 108 Choisissez dans les modèles ci-dessus (pages 69-70) la présentation du texte qui convient à chacune des cinq situations des pages 63 à 65 ?

Situation n°	1.	2.	3.	4.	5.
Présentation					

Activité 109 Situation n° 3
Retrouvez dans la présentation de la lettre de candidature, les diffférentes parties de texte qui correspondent à cette liste.

a. Formule de politesse.

b. Parler de sa motivation.

c. Solliciter un entretien.

d. Annoncer le motif de la lettre.

e. Se présenter en parlant de ses études, de son expérience professionnelle, de ses connaissances…

f. Signature de l'expéditeur.

g. Coordonnées de l'expéditeur.

h. Coordonnées du destinataire.

i. Objet : *[intitulé du poste]*.

j. Lieu et date d'expédition.

k. Vos références : *[référence de l'annonce à laquelle on répond, s'il y a lieu]*.

l. Formule d'appel.

a.	b.	c.	d.	e.	f.	g.	h.	i.	j.	k.	l.

Activité 110 Situation n° 4
Pour chaque partie de la présentation de la note de service, retrouvez les différents éléments qui lui correspondent.

a. Conclusion.

b. Détails concernant l'information donnée.

c. L'information principale.

d. De : *[le service ou la fonction de la personne qui rédige le document]*.

e. Nom de l'entreprise

f. Référence de la note de service.

g. À : *[le(s) destinataire(s) du document]*.

h. Signature et fonction de l'expéditeur.

i. Objet : *[le sujet de la note de service]*.

j. Date de la communication.

a.	b.	c.	d.	e.	f.	g.	h.	i.	j.

1- Correspondance

activité 111

Situation

Vous écrivez à une amie française avec qui vous n'êtes plus en contact depuis long-temps. Dans votre lettre, vous vous excusez pour votre silence et exprimez votre désir de renouer. Vous donnez de vos nouvelles, vous décrivez des événements importants sur-venus dans votre vie durant cette période et vos sentiments à ce sujet. Vous lui propo-sez de vous revoir.

Finissez votre lettre.

Votre texte comportera 160 à 180 mots.

> ...., ...
>
> .... Béatrice,
>
> Tu seras sûrement surprise, peut-être même fâchée, en ouvrant cette lettre. En effet, cela fait si longtemps... C'était en .... à ....
> ....
> .... T'en souviens-tu ?
>
> Je suis vraiment désolé(e) de n'avoir pas donné de nouvelles depuis, mais je pense que tu comprendras après la lecture de ma lettre. Tu sais, ...
> ....
> ....
> ....
> ....
> ....
> ....
> ....
> ....
>
> Et voilà pourquoi je n'ai pas donné signe de vie pendant toute cette période. En revanche, aujourd'hui, j'aimerais tellement que l'on se revoie... Que dirais-tu d'un week-end à .... ? Il suffirait que tu me dises quelles sont tes disponibilités. Le plus simple et le plus rapide serait de le faire par courriel. Voilà mon adresse : galipinette07@wanadoo.fr.
>
> Dans l'espoir de recevoir bientôt de tes nouvelles, je ....
> ....
>
> ....

Activité 112

Situation

Au retour d'un voyage, vous écrivez un message électronique à un ami français qui habite à Lyon pour lui raconter votre expérience (quelle destination, avec qui, dans quelles conditions), exposer un problème que vous venez de rencontrer et demander de l'aide et des conseils.

Finissez la rédaction de votre message électronique.

Votre texte comportera 160 à 180 mots.

```
  ○ ○ ○                                                              ⬭
   ⊘          ◱         ◱          ➡        🖶
 Supprimer  Répondre  Rép. à tous  Réexpédier  Imprimer
 De: ........................< ........................@wanadoo.fr>
 Date: lundi ........................ 21 :43
 À: Thomas Dupeyron< t.dupeyron@yahoo.fr >
 Objet: au secours !!!

 Salut Thomas,
 Je viens de rentrer de ..............................................
 ...................................................................
 ...................................................................
 ...................................................................
 ...................................................................
 ...................................................................
 ...................................................................
 ...................................................................
 Malheureusement, en rentrant .......................................
 ...................................................................
 ...............................................................
 Figure-toi qu'en plus de tout ça ...................................
 ...................................................................
 .............................................................
 Alors, je compte beaucoup sur toi pour m'aider à m'en sortir. Pourrais-tu ............
 ...................................? Si tu vois une autre solution à me
 proposer, surtout n'hésite pas. Toute idée qui pourrait m'aider à résoudre ce problème est
 bienvenue...
 J'avoue que j'attends ta réponse avec beaucoup d'impatience. Bien à toi.

 ......................
```

activité 113

Situation

Vous habitez en France. En plein hiver, le chauffage de votre appartement est tombé en panne. Il fait très froid, il y a de l'eau partout. Bref, votre logement est devenu inhabitable et vous avez un(e) enfant en bas âge (13 mois). Vous écrivez un courriel à l'un(e) de vos ami(e)s qui habite seul(e) dans un grand appartement pour lui raconter ce qui s'était passé, exposer le problème et demander de l'aide.

Rédigez le mail.

Votre texte comportera 160 à 180 mots.

Supprimer **Répondre** **Rép. à tous** **Réexpédier** **Imprimer**

De: ....< ....@tiscali.fr>
Date: mercredi .... 23 : 17
À: ....< ....@clubinternet.fr >
Objet: ....

. . . .,

. . . .

. . . .

. . . .

. . . .

. . . .

. . . .

. . . .

. . . .

. . . .

. . . .

. . . .

. . . .

. . . .

. . . .

. . . .

. . . .

. . . .

. . . .

Alors, je t'en supplie, réponds-moi vite. Bien à toi.

. . . .

Activité 114

Situation

Vous avez décidé de changer de vie : quitter votre compagnon (compagne), changer de travail, déménager... Vous écrivez une lettre à un(e) ami(e) française qui habite à Marseille parce que vous y avez déjà trouvé une nouvelle occupation. Vous annoncez la nouvelle, vous lui racontez l'événement à l'origine de votre décision, vous expliquez pourquoi vous avez choisi Marseille et vous demandez de l'aide durant la période de l'installation.

Rédigez votre lettre.

Votre texte comportera 160 à 180 mots.

........., le...........

..............................,

....
....
....
....

....
....
....
....
....
....
....
....

....
....
....
....
....
....
....
....

Voilà, maintenant que tu sais tout, j'attends que tu me dises franchement si tu peux le faire. En attendant ta réponse, je te salue très chaleureusement..

....

activité 115

Situation

Vous avez acheté un lecteur DVD par Internet, sur le site d'un distributeur français http://www.mediaplus.fr et vous avez réglé cet achat avec votre carte bancaire. D'abord, vous avez été livré(e) avec un mois de retard, puis l'appareil est très vite tombé en panne. Suite aux conseils du service après-vente, vous avez renvoyé le lecteur au fabricant... et cela fait trois mois que vous attendez son retour !

Désespéré(e) et très en colère, vous adressez par message électronique une lettre de réclamation au magasin Médiaplus. Vous rendez compte de votre expérience. Vous exprimez votre mécontentement et demandez le remboursement ou le remplacement immédiat de votre lecteur DVD.

Rédigez votre message.

Votre texte comportera 160 à 180 mots.

Supprimer   Répondre   Rép. à tous   Réexpédier   Imprimer

De: ....< ....@hotmail.fr>
Date: vendredi .... 18 : 07
À: S-C.réclamations@mediaplus.fr
Objet: réclamation

. . . .
adresse : . . . .
. . . .
tél. : . . . .   au Responsable du Service Clientèle

Objet : demande de remboursement ou de remplacement de l'appareil (réf. de la transaction : 12G908BK18)

Madame, Monsieur,
Je m'adresse à vous afin de solliciter d'urgence votre aide et intervention.
En effet, le ...., j'ai commandé auprès de votre service de vente un lecteur DVD, de marque THAMSUN (modèle : DTH223E/U).

. . . .
. . . .
. . . .
. . . .
. . . .
. . . .
. . . .

Compte tenu de la situation, je fais aujourd'hui appel à vous pour demander le remboursement intégral des frais encourus (achat et frais d'expédition de l'appareil par la poste) ou le remplacement immédiat de mon lecteur DVD.
Dans l'attente d'une réponse rapide de votre part, je vous adresse, Madame, Monsieur, mes salutations distinguées.

. . . .

Activité 116

Situation

Vous résidez en France depuis deux ans, mais vous avez déménagé il y a trois mois à Vincennes, en banlieue parisienne et il a fallu changer de centre de Sécurité sociale. Vous avez adressé un dossier au nouveau centre. Votre changement d'adresse a été enregistré, mais vous attendez toujours votre nouvelle carte Vitale.

Cela vous pose beaucoup de problèmes car vous devez consulter régulièrement votre médecin et renouveler votre traitement contre l'hypertension artérielle, mais pour le moment, vous n'êtes pas remboursé(e) pour vos frais médicaux et de pharmacie…

Adressez une lettre de réclamation au responsable de votre centre de Sécurité sociale.

Votre numéro de Sécurité sociale est : 1 69 06 99 122 038 33

Rédigez votre lettre.

Votre texte comportera 160 à 180 mots.

.... au Responsable du Centre n° 55

Numéro de Sécurité sociale : CPAM* du Val de Marne

1 69 06 99 122 038 33 45, rue Joseph Gaillard

Adresse : .... 94 300 Vincennes

....

Tél. : 01 58 73 86 62

Mél : ....

Vincennes, le ....

Madame, Monsieur,

Je m'adresse à vous afin de solliciter de votre part des mesures permettant d'accélérer le renouvellement et l'envoi de ma nouvelle carte Vitale.

En effet, ...

....

....

....

....

....

....

....

....

....

Dans l'espoir que vous trouverez une solution rapide à cette situation d'urgence, je vous prie d'agréer, Madame, Monsieur, l'expression de ma considération distinguée.

....

*CPAM : Caisse primaire d'assurance maladie

activité 117

Situation

Nora (20 ans) est très intéressé(e) par cette offre d'emploi.

 **EUROMOD**

Groupe international de prêt-à-porter féminin, EUROMOD dessine, produit et commercialise des collections prêt-à-porter pour les femmes au travers d'un réseau de plus de 500 magasins présents dans 50 pays. Le groupe réalise un chiffre d'affaire de 165 millions d'euros.

Notre réussite nous amène à recruter deux Mannequins de cabine F CDI – URGENT

Au sein du département Création, vous essayez les modèles (taille 38) et intervenez de manière critique lors des essayages.
Votre attrait pour le monde de la mode fera la différence.

PROFIL
Jeune femme dotée d'une excellente présentation, disponible et patiente. Votre affinité pour l'univers de la mode et votre implication vous permettront d'appréhender pleinement votre fonction.

Mensurations impérativement requises :
Tour de poitrine 87/90
Tour de taille 67/70
Tour de hanches 94/97

Ces postes sont des CDI à temps complet ou à temps partiel (20 h hebdo).
Veuillez adresser votre dossier de candidature, photo et mensurations impératives, sous référence MCU/03/MON à :

EUROMOD S.A.
Service Recrutement
36, av. Paul Doumer
92300 Levallois Perret

Aidez-la à rédiger la lettre de motivation qui accompagnera son dossier de candidature à ce poste.

Votre texte comportera 160 à 180 mots.

. . . .

Adresse : . . . .

Tél. : . . . .

Portable : . . . .

Mél : . . . .

. . . .

. . . .

. . . . , *le* . . . .

Madame, Monsieur,

. . . .

. . . .

. . . .

. . . .

. . . .

. . . .

. . . .

. . . .

. . . .

. . . .

. . . .

. . . .

. . . .

. . . .

. . . .

. . . .

activité 118

Situation
Vous avez trouvé cette offre d'emploi intéressante.

AGENT DE VOYAGE EN LIGNE
MADRID – Espagne

Avez-vous déjà réservé un vol ou des vacances rapidement et efficacement par Internet ? Si tel est le cas, votre réservation a très probablement été effectuée par nous. Au nom de notre client EUROVOL, nous mobilisons nos 15 ans d'expertise dans le service clientèle pour la réalisation des réservations de voyages en ligne.

**Nous recherchons de nouveaux membres pour rejoindre notre équipe madrilène.
Participez à la révolution du tourisme en ligne en tant que :**

Agent de Voyage en ligne

Vivre dans un univers multiculturel, au cœur d'une capitale européenne, c'est l'opportunité que nous vous offrons. N'hésitez pas, venez découvrir et apprécier **MADRID**, une vie nocturne vibrante et une excellente qualité de vie.

Vous êtes l'interlocuteur/-trice de nos **clients francophones** qui désirent réserver leur voyage en ligne. Ils vous contactent par téléphone et par message électronique pour tous les renseignements concernant les produits d'Eurovol que vous êtes chargé(e) de promouvoir : billets d'avion, location de voiture, réservation de chambre d'hôtel et assurances voyage.

Vous frappez à la bonne porte, si vous avez déjà travaillé en **agence de tourisme** ou pour une compagnie aérienne et si vous disposez d'un esprit de service, d'une bonne expression orale et écrite ainsi que d'une forte résistance au stress. Vous êtes flexible afin d'être présent pour vos clients aussi le week-end et en soirée. La **maîtrise du français et d'une deuxième langue** (anglais ou allemand) sont indispensables ainsi que la connaissance du système de réservation **Aristote**.

Vous cherchez à relever un challenge dans le secteur touristique en participant à la croissance d'une entreprise, au sein d'une équipe jeune et motivée ?
Alors envoyez-nous votre candidature par message électronique à :
jobs@altair.es

Réf. : 1595 73EVA

Rédigez la lettre de motivation qui accompagnera votre dossier de candidature à ce poste.
Votre texte comportera 160 à 180 mots.

De: ....
Date: ....
À: ....
Objet: ....

....
Adresse : ....

....
Tél. : ....
À l'attention de : ....
Objet : ....

Madame, Monsieur,

....
....
....
....

....
....
....
....
....
....
....
....
....

....
....
....
....
....
....

....
....
....
....

....

activité 119

Situation

Vous avez décidé de vous arrêter à Lyon, à l'Hôtel Beauséjour trouvé sur le site du *Voyageur français* (http://www.voyageurfrancais.com). Très déçu(e) par la qualité des chambres et le service, vous adressez un message électronique au :
service.réclamations@voyageurfrancais.com
Vous décrivez en détail votre expérience de séjour dans cet établissement et demandez de le rayer de la liste d'hôtels proposés par le site.

Rédigez votre courrier électronique.

Votre texte comportera 160 à 180 mots.

```
○○○                                                                    ⬭

   ⊘           ↰          ↰          →          🖨
Supprimer    Répondre   Rép. à tous  Réexpédier   Imprimer

De: ............................................
Date: ..........................................
À: .............................................
Objet: .........................................

. . . . . . . . . . . . . . . . . . . .
Adresse : . . . . . . . . . . . . . .
. . . . . . . . . . . . . . . . . . . .
Tél. : . . . . . . . . . . . . . . . . ..
À l'attention de :  . . . . . . . . .
Objet :  . . . . . . . . . . . . . . . . . . . . . . . . . . . . . .

Madame, Monsieur,

. . . . . . . . . . . . . . . . . . . . . . . . . . . . . . . . . . . . . . . . . . . . . . . . . . . . . . . . . . . . . .
. . . . . . . . . . . . . . . . . . . . . . . . . . . . . . . . . . . . . . . . . . . . . . . . . . . . . . . . . . . . . .
. . . . . . . . . . . . . . . . . . . . . . . . . . . . . . . . . . . . . . . . . . . . . . . . . . . . . . . . . . . . . .
. . . . . . . . . . . . . . . . . . . . . . . . . . . . . . . . . . . . . . . . . . . . . . . . . . . . . . . . . . . . . .

. . . . . . . . . . . . . . . . . . . . . . . . . . . . . . . . . . . . . . . . . . . . . . . . . . . . . . . . . . . . . .
. . . . . . . . . . . . . . . . . . . . . . . . . . . . . . . . . . . . . . . . . . . . . . . . . . . . . . . . . . . . . .
. . . . . . . . . . . . . . . . . . . . . . . . . . . . . . . . . . . . . . . . . . . . . . . . . . . . . . . . . . . . . .
. . . . . . . . . . . . . . . . . . . . . . . . . . . . . . . . . . . . . . . . . . . . . . . . . . . . . . . . . . . . . .
. . . . . . . . . . . . . . . . . . . . . . . . . . . . . . . . . . . . . . . . . . . . . . . . . . . . . . . . . . . . . .
. . . . . . . . . . . . . . . . . . . . . . . . . . . . . . . . . . . . . . . . . . . . . . . . . . . . . . . . . . . . . .
. . . . . . . . . . . . . . . . . . . . . . . . . . . . . . . . . . . . . . . . . . . . . . . . . . . . . . . . . . . . . .

. . . . . . . . . . . . . . . . . . . . . . . . . . . . . . . . . . . . . . . . . . . . . . . . . . . . . . . . . . . . . .
. . . . . . . . . . . . . . . . . . . . . . . . . . . . . . . . . . . . . . . . . . . . . . . . . . . . . . . . . . . . . .
. . . . . . . . . . . . . . . . . . . . . . . . . . . . . . . . . . . . . . . . . . . . . . . . . . . . . . . . . . . . . .
. . . . . . . . . . . . . . . . . . . . . . . . . . . . . . . . . . . . . . . . . . . . . . . . . . . . . . . . . . . . . .

. . . . . . . . . . . . . . . . . . . .
```

tivité 120

Situation

Bernard part à la retraite après avoir travaillé pendant les quinze dernières années au sein de la même entreprise. Il décide d'écrire une lettre à ses collègues pour leur dire au revoir, les remercier pour les moments de joie et de difficulté partagés, leur souhaiter une bonne continuation et beaucoup de succès au travail. Il profite aussi de cette lettre pour rappeler à l'un(e) d'entre eux un moment particulièrement important, drôle ou émouvant.

Rédigez la lettre de Bernard.

Votre texte comportera 160 à 180 mots.

Le ....

Chers Collègues et Amis,

Aujourd'hui, c'est à mon tour de vous quitter ....

....

....

....

....

....

....

....

....

....

....

....

....

....

....

Situation

Habitant d'une grande ville en France, vous louez un appartement confortable, mais tout ne se passe pas comme vous l'auriez souhaité... Vous avez des sérieux problèmes avec vos voisins : bruits nocturnes, incidents à répétition...
Vous décidez d'écrire une lettre à votre syndic : vous relatez les faits (dates, heures, circonstances...). Vous lui demandez d'intervenir d'urgence et vous menacez d'un recours en justice.

Rédigez la lettre.
Votre texte comportera 160 à 180 mots.

....
Locataire de l'appartement situé au
....
Tél. : 01 42 65 98 49
Mél : ....
                                        Au Président
                                du syndicat des copropriétaires
                                .... , le ....

        Monsieur le Président,

    Je m'adresse à vous afin de solliciter de votre part des mesures nécessaires au maintien du bon voisinage dans notre immeuble.

        En effet, ...
....
....
....
....
....
....
....
....
....
....

    Je tiens à vous informer que si votre intervention n'était pas suivie de faits dans les jours qui viennent, je serais dans l'obligation de confier cette affaire à mon avocat.

    Dans l'espoir que vous trouverez une solution rapide à cette situation d'urgence, je vous prie de recevoir, Monsieur le Président, mes salutations les plus cordiales.

                                        ....

tivité 122

Situation

Vous êtes propriétaire d'un appartement à Paris et l'année dernière, vous avez été élu(e) président(e) du syndicat des copropriétaires de votre immeuble. C'est le mois de novembre. Vous rédigez un courrier aux copropriétaires. Vous les informez que les derniers travaux prévus pour la fin de l'année (rappeler leur nature) devront être reportés à l'année suivante et vous en expliquez la raison. Vous faites un appel de cotisation (le dernier pour l'année en cours) et vous conviez tous les copropriétaires à l'assemblée générale en janvier prochain (fixer la date, l'heure et le lieu).

Rédigez la lettre.

Votre texte comportera 160 à 180 mots.

....
Président du Syndicat des copropriétaires

à Tous les copropriétaires
.... , le ....

Mesdames, Messieurs,

Je m'adresse à vous afin de vous convier à notre Assemblée Générale annuelle qui aura lieu le ....
....

En ce qui concerne les travaux en cours, à ce jour, ...
....
....
....
....
....
....
....
....
....

Permettez-moi aussi de vous rappeler par la présente ....
....

Vous souhaitant de très bonnes fêtes de fin d'années, je vous adresse, Mesdames, Messieurs, mes cordiales salutations.

....

2- Notes, messages et formulaires

activité 123

Situation

Votre collègue Marc a été absent à la dernière réunion de service durant laquelle on vous a fait part des changements concernant vos conditions de travail (lieu de travail, nombre de jours par semaine, horaires ...). Vous avez promis de tenir votre collègue au courant par message électronique.

Rédigez votre message.

Votre texte comportera 160 à 180 mots.

Supprimer   Répondre   Rép. à tous   Réexpédier   Imprimer

De: ....< ....@wanadoo.fr>
Date: jeudi ....   11 : 17
À: Marc Hirsch< marc.hirsch@club-internet.fr >
Objet: réunion de ce matin

Bonjour Marc,

Comme je vous l'avais promis la semaine dernière, ...
....
....
....
....
....
....
....
....
....
....
....
....
....
....
....
....
....
....
....
....
....
Amitiés.

..................<....

Situation

Aline Bonnard travaille dans un grand hôtel parisien. Pour janvier 2006, l'établissement affiche complet et il doit en plus organiser plusieurs dîners pour les clients du Palais des Congrès voisin. Le PDG d'Aline lui a laissé la note ci-dessus.

Méridien-Porte Maillot

Veuillez préparer une note pour informer le personnel de l'aménagement du temps de travail pour janvier 2006 :
– renforcement des équipes le week-end (tous services)
– renforcement des équipes du soir : 20 h 00-24 h 00 (accueil et restaurant)
– rémunération des heures supplémentaires au tarif habituel
– deux jours de repos supplémentaire pour le personnel volontaire (en février ou mars)

Daniel Grellier

Rédigez sa note de service pour informer le personnel des horaires de travail en janvier.
Votre texte comportera 160 à 180 mots.

Méridien-Porte Maillot

Note de service n° ....

Paris, le 8 décembre 2005

De : Direction des Ressources humaines
À : L'ensemble du personnel

Objet : Aménagement des horaires de travail pour janvier 2006

Suite à ....
....
....
....
....
....
....

Aline Bonnard
Directrice des Ressources humaines

Situation

Vous travaillez au service des ressources humaines d'une grande maison d'édition . La fin de l'année approche et votre directeur vous demande de rédiger une note pour :
– convier le personnel à un dîner de fin d'année le 18 décembre, à 20 heures, (au programme : bilan de l'année, vœux de la direction, dîner pour tout le personnel)
– informer de l'organisation d'un Noël pour les enfants du personnel, le dimanche 20 décembre à 15 heures (au programme : spectacle, goûter et cadeaux pour les petits).
Vous précisez qu'il y a une seule condition : confirmer sa présence avant le 5 décembre.

Rédigez votre note.

Votre texte comportera 160 à 180 mots.

Éditions Gaillard

Note d'information n° 734

Paris, le 23 novembre 2005

De :   Direction
À :   . . . .

Objet : . . . .

. . . .
. . . .
. . . .
. . . .
. . . .
. . . .
. . . .
. . . .
. . . .
. . . .
. . . .
. . . .
. . . .
. . . .
. . . .

ALBERT VILLARD
Président-directeur général

tivité 126

Situation

En poste en France, vous êtes amené(e) pour la première fois à voyager pour votre travail. Vous laissez un message à votre employée de maison : vous expliquez les raisons inattendues de votre absence et vous donnez des instructions concernant les tâches à accomplir pour assurer le bon fonctionnement du foyer. Et ce n'est pas aussi simple ! Vous avez deux enfants (3 et 8 ans) et un compagnon (ou une compagne) maniaque…

Rédigez votre message.

Votre texte comportera 160 à 180 mots.

Le . . . .

Bonjour Marie,

. . . .

. . . .

. . . .

. . . .

. . . .

. . . .

. . . .

. . . .

. . . .

Et voilà ce à quoi il faudra penser durant mon absence :

1. . . . .

. . . .

2. . . . .

. . . .

3. . . . .

. . . .

4. . . . .

. . . .

5. . . . .

. . . .

Je vous souhaite un bon courage et à . . . . J'espère que tout se . passera bien pendant mon absence. Cordialement.

(votre signature) . . . .

activité 127

Situation

Le comité d'entreprise de la société où vous travaillez a négocié un contrat avec un nouvel organisme qui propose des séjours d'une ou de deux semaines en hôtel-club à .... *(choisissez la destination)*. Membre du comité d'entreprise, vous avez visité l'endroit et vous êtes chargé de rédiger le message à tout le personnel pour l'informer de cette opportunité. Dans votre message, vous précisez la destination, les périodes possibles et les conditions financières. Vous parlez de l'infrastructure, des activités offertes aux clients et vous donnez vos impressions.

Rédigez votre message électronique.

Votre texte comportera 160 à 180 mots.

```
◉ ◉ ◉                                                              ⊂⊃

   ⊘            ↰            ↰            ⇥            🖨
Supprimer    Répondre    Rép. à tous   Réexpédier   Imprimer
────────────────────────────────────────────────────────────────
De: ........................< ........................@stabila.fr>
Date: mercredi ......................... 16 : 15
À: martinechampion@stabila.fr; philippedupont@stabila.fr; bernardgrevain@stabila.fr
Objet: séjours de vacances à.................

Bonjour à tous,

Je vous adresse ce message pour vous informer de . . . . . . . . . . . . . . . . . . . . . . . . . . . .
. . . . . . . . . . . . . . . . . . . . . . . . . . . . . . . . . . . . . . . . . . . . . . . . . . . . . . . . . . . . . . . . . .
. . . . . . . . . . . . . . . . . . . . . . . . . . . . . . . . . . . . . . . . . . . . . . . . . . . . . . . . . . . . . . . . . .
. . . . . . . . . . . . . . . . . . . . . . . . . . . . . . . . . . . . . . . . . . . . . . . . . . . . . . . . . . . . . . . . . .
. . . . . . . . . . . . . . . . . . . . . . . . . . . . . . . . . . . . . . . . . . . . . . . . . . . . . . . . . . . . . . . . . .
. . . . . . . . . . . . . . . . . . . . . . . . . . . . . . . . . . . . . . . . . . . . . . . . . . . . . . . . . . . . . . . . . .
. . . . . . . . . . . . . . . . . . . . . . . . . . . . . . . . . . . . . . . . . . . . . . . . . . . . . . . . . . . . . . . . . .
. . . . . . . . . . . . . . . . . . . . . . . . . . . . . . . . . . . . . . . . . . . . . . . . . . . . . . . . . . . . . . . . . .
. . . . . . . . . . . . . . . . . . . . . . . . . . . . . . . . . . . . . . . . . . . . . . . . . . . . . . . . . . . . . . . . . .
. . . . . . . . . . . . . . . . . . . . . . . . . . . . . . . . . . . . . . . . . . . . . . . . . . . . . . . . .

. . . . . . . . . . . . . . . . . . . . . . . . . . . . . . . . . . . . . . . . . . . . . . . . . . . . . . . . . . . . . . . . . .
. . . . . . . . . . . . . . . . . . . . . . . . . . . . . . . . . . . . . . . . . . . . . . . . . . . . . . . . . . . . . . . . . .
. . . . . . . . . . . . . . . . . . . . . . . . . . . . . . . . . . . . . . . . . . . . . . . . . . . . . . . . . . . . . . . . . .
. . . . . . . . . . . . . . . . . . . . . . . . . . . . . . . . . . . . . . . . . . . . . . . . . . . . . . . . . . . . . . . . . .
. . . . . . . . . . . . . . . . . . . . . . . . . . . . . . . . . . . . . . . . . . . . . . . . . . . . . . . . . . . . . . . . . .
. . . . . . . . . . . . . . . . . . . . . . . . . . . . . . . . . . . . . . . . . . . . . . . . . . . . . . . . . . . . . . . . . .
. . . . . . . . . . . . . . . . . . . . . . . . . . . . . . . . . . . . . . . . . . . . . . . . . . . . . . . . . . . . . . . . . .

Cordialement.


. . . . . . . . . . . . . . . . . . . . . . . . . . . . . . .
```

tivité 128

Situation

Vous travaillez pour une entreprise française implantée dans votre pays *(identité de l'entreprise à préciser)*. Depuis quelques jours, vous êtes en déplacement pour rencontrer un nouveau client *(identité à préciser)*. Vous rédigez un message électronique pour votre chef français : vous rendez compte de la première réunion de travail avec le client, vous donnez vos premières impressions sur ce client et sur les perspectives possibles de collaboration, vous demandez des conseils concernant la suite de vos négociations.

Rédigez votre message électronique.

Votre texte comportera 160 à 180 mots.

```
○○○                                                                           ⊖
   ⊘              ↰              ↰              ⇥              🖶
Supprimer      Répondre     Rép. à tous    Réexpédier    Imprimer
De: .......................< ........................@hotmail.com>
Date: jeudi ......................    22 : 15
À: ........................< ...............................................>
Objet: ..........................

Bonsoir,

Je vous adresse ce message pour . . . . . . . . . . . . . . . . . . . . . . . . . . . . . . . . . .
. . . . . . . . . . . . . . . . . . . . . . . . . . . . . . . . . . . . . . . . . . . . . . . . . . . . . . . . . .
. . . . . . . . . . . . . . . . . . . . . . . . . . . . . . . . . . . . . . . . . . . . . . . . . . . . . . . . . .
. . . . . . . . . . . . . . . . . . . . . . . . . . . . . . . . . . . . . . . . . . . . . . . . . . . . . . . . . .
. . . . . . . . . . . . . . . . . . . . . . . . . . . . . . . . . . . . . . . . . . . . . . . . . . . . . . . . . .
. . . . . . . . . . . . . . . . . . . . . . . . . . . . . . . . . . . . . . . . . . . . . . . . . . . . . . . . . .
. . . . . . . . . . . . . . . . . . . . . . . . . . . . . . . . . . . . . . . . . . . . . . . . . . . . . . . . . .
. . . . . . . . . . . . . . . . . . . . . . . . . . . . . . . . . . . . . . . . . . . . . . . . . . . . . . . . . .
. . . . . . . . . . . . . . . . . . . . . . . . . . . . . . . . . . . . . . . . . . . . . . . . . . . . . . . . . .
. . . . . . . . . . . . . . . . . . . . . . . . . . . . . . . . . . . . . . . . . . . . . . . . . . . . . .

. . . . . . . . . . . . . . . . . . . . . . . . . . . . . . . . . . . . . . . . . . . . . . . . . . . . . . . . . .
. . . . . . . . . . . . . . . . . . . . . . . . . . . . . . . . . . . . . . . . . . . . . . . . . . . . . . . . . .
. . . . . . . . . . . . . . . . . . . . . . . . . . . . . . . . . . . . . . . . . . . . . . . . . . . . . . . . . .
. . . . . . . . . . . . . . . . . . . . . . . . . . . . . . . . . . . . . . . . . . . . . . . . . . . . . . . . . .
. . . . . . . . . . . . . . . . . . . . . . . . . . . . . . . . . . . . . . . . . . . . . . . . . . . . . . . . . .
. . . . . . . . . . . . . . . . . . . . . . . . . . . . . . . . . . . . . . . . . . . . . . . . . . . . . . . . . .
. . . . . . . . . . . . . . . . . . . . . . . . . . . . . . . . . . . . . . . . . . . . . . . . . . . . . . . . . .
. . . . . . . . . . . . . . . . . . . . . . . . . . . . . . . . . . . . . . . . . . . . . . . . . . . . . . . . . .

Dans l'attente de vos suggestions.


. . . . . . . . . . . . . . . . . . . . . . . .
```

activité 129 Aidez Sonia à rédiger son CV. Associez les informations la concernant aux rubriques correspondantes.

Sonia Hilgert
91, rue du Départ
75014 Paris
☎ . . . .
📱 . . . .
@ . . . .

Nationalité allemande
27 ans
Célibataire
Titulaire du permis B

EXPERIENCE PROFESSIONNELLE

FORMATION ET DIPLÔMES

LANGUES

CONNAISSANCES PARTICULIÈRES

CENTRES D'INTÉRÊT

Les données concernant Sonia :

A Cultures du Proche-Orient, littérature – (auto)biographies en particulier, cinéma, natation

B

Informatique	Word, Excel, Power Point, Access, Lotus Notes, SAP, Internet
Dactylographie	50 mots/minute
Sténographie	allemande (150 syllabes/minute) ; anglaise, française (50 mots/minute)

C

Septembre à décembre 2004	**Alliance française de Paris** Préparation en cours du soir du Diplôme de français des affaires 1 (de la CCIP)
2000 – mars 2003	**École Vorbeck à Gengenbach** – Allemagne **Diplôme de secrétaire européenne/assistante de direction** (équivalent à un BTS option commerce international) • allemand – langue maternelle • français et anglais – maîtrise orale et écrite • espagnol – pratique commerciale
1996 – 2000	**Université de Heidelberg** – Allemagne Licence en égyptologie, archéologie du Proche-Orient et préhistoire

D

Allemand :	langue maternelle
Anglais :	B2
Français :	B2
Espagnol :	B1+

E Depuis juillet 2004   **DaimlerChrysler France – Rocquencourt (78)**
CDD de 6 mois   Direction « Projets Réseau et Qualité »
Assistante de direction trilingue allemand/anglais/français
- Actualisation de la base de données SURFACE (données sur les sites des réseaux Mercedes-Benz et Chrysler Jeep)
- Suivi administratif de la mise en place du nouveau Corporate Identity
- Contacts téléphoniques avec les réseaux, les prestataires extérieurs
- Rédaction de présentations animées sur Power Point
- Secrétariat classique

Septembre 2003   **Mercedes Benz**
à juin 2004   Département « Marketing opérationnel Véhicules Particuliers »
Stage de 9 mois   **Assistante marketing trilingue**
- Gestion et actualisation de la boutique en ligne
- Suivi administratif trilingue des dossiers fournisseurs et clients
- Suivi du stock, des commandes clients et des comptes fournisseurs
- Établissement des statistiques de ventes
- Budgets
- Préparation et participation aux salons
- Traduction d'études marketing
- Conception de catalogues en ligne

Mars 2003   **DaimlerChrysler AG – Stuttgart – Allemagne**
à septembre 2003 Département « Vente camions France et Benelux »
CDD de 6 mois   **Assistante commerciale et administrative trilingue**
Remplacement
- Traitement des appels d'offre en français et anglais
- Suivi administratif des dossiers clients en français, anglais, allemand et espagnol
- Traduction de protocoles du français vers l'anglais

Décembre 2002   **Association de développement du Bas-Rhin – ZI Strasbourg et Kehl**
Traductrice-interprète lors de séminaires

Juillet-août 2002 **La Cour européenne des droits de l'homme** (Strasbourg)
- Enregistrement des requêtes dans la base de données

1996 – 2000   **Université de Heidelberg** – Allemagne
- Aide scientifique (2 ans) ; recherche scientifique ; fouilles à Louxor (3 mois)

Grille de réponse :

Rubrique	Données correspondantes
Expérience professionnelle	
Formation et diplômes	
Langues	
Connaissances particulières	
Centres d'intérêt	

activité 130

Et maintenant, rédigez votre curriculum vitæ sur une feuille.

Remarques :

– Ce modèle n'est qu'un possible parmi d'autres.

– Dans les CV en français, on fournit encore des données personnelles ; on peut aussi joindre la photo mais elle n'est pas obligatoire.

. . . .

. . . .

. . . .

☎ . . . .

▯ . . . .

@ . . . .

photo

. . . .

. . . .

. . . .

. . . .

EXPERIENCE PROFESSIONNELLE

FORMATION ET DIPLOMES

LANGUES

CONNAISSANCES PARTICULIERES

CENTRES D'INTERET

Situation

Les résidents français de votre ville (pays) ont très peu d'informations sur les différentes activités auxquelles ils pourraient participer. Pour y remédier, vous rédigez une brochure : vous précisez la nature (des) de l'activité(s) à disposition, les détails concernant le déroulement, le domaine et les conditions financières. Vous indiquez également le(s) lieu(x), les horaires et les coordonnées des institutions concernées.

Rédigez la brochure.

Votre texte comportera 160 à 180 mots.

(titre) . . . .

(petite introduction) . . . .
. . . .
. . . .
. . . .

➤ . . . .   ➤ . . . .
. . . .
. . . .
. . . .
. . . .
. . . .
. . . .
. . . .   ➤ . . . .
. . . .
➤ . . . .
. . . .
. . . .
. . . .
. . . .
. . . .
. . . .
. . . .

3- Essais et rapports

Situation

Le WEB-magazine français LeRoutard.com tient une rubrique intitulée « Voyages aux quatre coins du monde » où il publie les expériences de voyages de ses lecteurs.

Vous venez de faire un voyage passionnant dans une région de votre pays. Vous désirez partager cette expérience avec d'autres internautes et donner envie au public français de venir chez vous. Vous faites le récit de votre voyage : situez la région en question et rendez compte de votre expérience en décrivant en détail les lieux visités, vos activités ainsi que vos impressions. Donnez aussi quelques conseils aux touristes français qui aimeraient vous suivre. N'oubliez pas de donner un titre à votre article.

Rédigez votre article.

Votre texte comportera 160 à 180 mots.

(titre) . . . .

(chapeau) . . . .
. . . .
. . . .
. . . .

(corps de l'article) . . . .
. . . .
. . . .
. . . .
. . . .
. . . .
. . . .
. . . .
. . . .
. . . .
. . . .

(conclusion) . . . .
. . . .
. . . .
. . . .
. . . .

(signature) . . . .

Activité 133

Situation

Vous travaillez dans la filiale d'une société française implantée dans votre pays.
Au retour d'une mission en province, vous rédigez un bref rapport à l'attention de votre supérieur hiérarchique. Vous y rappelez la période, la(les) destination(s) et les objectifs de votre mission. Vous détaillez le programme de chaque journée, décrivez les résultats concernant le travail accompli et mentionnez les perspectives de développement que ce voyage ouvre à votre entreprise.

Rédigez votre rapport.

Votre texte comportera 160 à 180 mots.

(votre nom et prénom)

RAPPORT DE MISSION

Destination : . . . .

Période : . . . .

Objectifs :

. . . .

. . . .

. . . .

Programme :

. . . .

. . . .

. . . .

. . . .

. . . .

. . . .

. . . .

Résultats :

. . . .

. . . .

. . . .

Perspectives :

. . . .

. . . .

. . . .

Situation

Vous êtes étudiant(e) à l'école internationale de l'Alliance française de Paris. Le site Internet de l'établissement propose une page intitulée « Les fêtes d'ailleurs » où les étudiants présentent les rituels festifs de leurs pays. Vous avez envie de faire connaître aux autres une fête de chez vous. Dans votre article, vous décrivez la fête choisie : la période de sa célébration, sa nature, les rituels qui l'accompagnent et ses origines. Vous évoquez aussi votre dernière participation à ses festivités : expliquez quand cela a eu lieu, décrivez comment cela s'est passé et vos impressions à ce sujet.

Rédigez votre article.

Votre texte comportera 160 à 180 mots.

Les fêtes d'ailleurs ...

AllianceFrançaise

(titre) ....

....
....
....
....
....
....
....
....
....

....
....
....
....
....
....
....
....

....
....
....
....

témoignage de ....

Situation

France Gazette, un magazine sur Internet, tient une rubrique « Ces femmes qui ont changé l'Histoire ». Vous souhaitez faire connaître à d'autres internautes une femme célèbre de votre pays. Vous présentez cette personne, vous faites sa biographie et vous expliquez ce qu'elle a accompli d'important pour mériter sa place dans la rubrique du magazine.

Rédigez votre article.

Votre texte comportera 160 à 180 mots.

France Gazette

Ces femmes qui ont changé l'Histoire

(titre) ....

activité 136

Situation

Le journal d'entreprise où travaille Elisabeth (40 ans), tient une rubrique intitulée « Mes débuts ». Un jour, elle décide d'y parler du commencement de sa vie professionnelle : elle décrit pourquoi elle a choisi son métier *(à définir)*, parle de son enthousiasme, de ses difficultés, évoque un événement qui était à l'origine d'un tournant dans sa carrière.

Rédigez l'article d'Élisabeth.

Votre texte comportera 160 à 180 mots.

MES DÉBUTS...

Témoignage d'Élisabeth Hirsch

Activité 137

Situation

Vous êtes guide pour une agence française de tourisme. Vous écrivez un rapport sur un voyage de prospection que vous venez de faire : choisissez le pays, situez la région, décrivez quelques curiosités, parlez de l'infrastructure et expliquez l'intérêt de ce pays pour les touristes français et pour votre entreprise.

Rédigez votre rapport.

Votre texte comportera 160 à 180 mots.

(votre nom et prénom)

RAPPORT DE VOYAGE DE PROSPECTION

Destination : ....

Période : ....

Lieux et curiosités :

Infrastructure existante :

Intérêts pour nos clients :

Perspectives :

Situation

Vous êtes lecteur/lectrice d'un magazine français qui propose une rubrique intitulée « Qu'est-ce qu'un ami ? ». Vous décidez d'y faire publier vos réflexions et témoignage : présentez-vous, donnez votre définition de l'*amitié,* décrivez votre meilleur ami et évoquez l'événement qui vous en a convaincu.

Rédigez votre article.

Votre texte comportera 160 à 180 mots.

QU'EST-CE QU'UN AMI ?

(titre) . . . .

. . . .
. . . .
. . . .
. . . .
. . . .

. . . .
. . . .
. . . .
. . . .
. . . .
. . . .
. . . .
. . . .
. . . .
. . . .
. . . .
. . . .
. . . .

(signature) . . . .

Situation

Vous travaillez comme chef de service dans une entreprise française. Ces derniers jours, un incident vient de se produire à votre travail : une panne, un disfonctionnement, un conflit... Vous en informez votre supérieur hiérarchique.

Rédigez votre rapport.

Votre texte comportera 160 à 180 mots.

. . . .
Responsable du Service   . . .
. . . .   Le . . . .

Rapport sur . . . .

Les faits

. . . .
. . . .
. . . .
. . . .
. . . .
. . . .
. . . .

Les causes

. . . .
. . . .
. . . .
. . . .
. . . .
. . . .
. . . .

Les mesures proposées

. . . .
. . . .
. . . .
. . . .
. . . .
. . . .
. . . .

activité 140

Situation

Aujourd'hui, vous avez fait une rencontre insolite, drôle, importante... Vous rendez compte de cette expérience dans votre journal intime. Vous décrivez le moment, le lieu, les circonstances de cet événement. Vous dites qui vous avez rencontré et comment cela s'est passé. Vous donnez vos impressions à ce sujet.

Rédigez votre page de journal intime.

Votre texte comportera 160 à 180 mots.

Le . . . .

tivité 141

Situation

France Gazette, un journal en ligne, contient une rubrique intitulée « Internet et moi » où on publie les témoignages des lecteurs. Vous avez décidé de rendre compte de votre expérience : présentez-vous, racontez vos débuts, parlez de l'usage que vous faites de ce réseau en privé et/ou au travail, racontez une anecdote liée à son utilisation et donnez votre opinion.

Rédigez votre article.

Votre texte comportera 160 à 180 mots.

France Gazette

Internet et Moi

(titre) ....

....
....
....
....
....
....
....
....
....
....
....
....
....
....
....
....
....
....
....
....
....

activité 142

Situation

Vous travaillez pour un journal français à Paris. Vous avez interviewé le directeur de l'entreprise Éco-Emballage chargée du tri sélectif des ordures ménagères en France.

Interview : Éco-Emballage

Constat : recyclage des déchets toujours insuffisant

Objectifs :
– trier plus et mieux
– faire pression sur les particuliers qui trient mal

Historique et mode de fonctionnement :
– existe depuis 13 ans
– élimine les déchets des industriels (ils payent régulièrement pour ça).
– signe des contrats avec des collectivités territoriales (administration d'une
  ville, région…) :
  EE[1] : organise le tri, finance la 1/2 des frais (12, 60 € /personne et /an).
  Les habitants payent le reste.

Réalité :
– répartition 50/50 représente une moyenne
– aide de EE variable selon la qualité du tri
– qualité du tri inégale dans diffts[2] villes
  (Raisons : détermination des collectivités et discipline des particuliers –
  argument évident –, ms[3] aussi tri plus facile en zone pavillonnaire
  (maisons) qu'en centre-ville → ds[4] immeubles pas toujours de locaux pour
  diffts poubelles

Ex. de taux d'ordures impossibles à recycler :
– Lyon : 50%
– Paris : env.[5] 35%
– ms Strasbourg : 10% !!! (campagne de sensibilisation efficace)
– moyenne nationale : 20 à 25%

Mesure prévue par EE : campagne de communication à 2 objectifs :
   1. informatif : rappel des finalités du tri
   2. coercitif : imposer une contrainte et mettre en garde (modalité :
      poubelle mal triée = non vidée et gros scotch avec inscription «
      Refusé » collé dessus !!!)

1 EE : Éco-Emballage	**3 ds :** dans	**5 env. :** environ
2 diffts : différent(e)s	**4 ms :** mais	

À partir des notes prises lors de cette interview, vous rédigez un article pour votre journal : présenter Éco-Emballage et son objectif, mentionner la sanction des mauvais trieurs.

Votre texte comportera 180 à 200 mots.

ENVIRONNEMENT *Menaces sur les mauvais trieurs*

Le recyclage des déchets reste insuffisant

....

....

....

....

....

....

....

....

....

....

....

....

....

....

....

....

....

....

....

....

....

....

....

....

activité 143

Situation

Martin est étudiant en sociologie. Il a assisté à la conférence de Michel Boulieu sur l'attitude des jeunes Français face à l'école. Voici ses notes.

À partir de ses notes, il doit préparer un essai pour l'un de ses cours à l'université.

Question = Pourquoi les jeunes n'ont-ils plus de respect pour l'école ?

1. Certains sondages : + 55% d'élèves démotivés à l'école

   D'autres sondages :
   environ 75% de jeunes ont bon moral en général

   CONTRADICTION
   mais plus de 60% se disent « génération sacrifiée »

2. Autrefois : bonne scolarité ➤ garantie d'une réussite professionnelle

3. Aujourd'hui : école = lieu coupé de la réalité, où on fait des choses inutiles
   Arguments + : manque de matériel, locaux vétustes et enseignants découragés n'arrangent pas la situation...

4. Diplômes : dévalués (ce n'est plus une garantie contre le chômage)
   – Pour + de 50% de jeunes : ils n'ont plus aucune valeur.
   – 35% les trouvent encore utiles pour trouver du travail.
   – Chômage (très important chez les jeunes en général ➤ environ 20%, mais aussi chez les jeunes diplômés d'études supérieures ➤ 12%)

Conclusion : jeunes = lucides ; besoin urgent d'agir ➤ enrayer le chômage ➤ redonner à l'école du sens (mais penser aussi à la faire évoluer, la rapprocher de la réalité ➤ activités), remotiver les enseignants.

Aidez Martin à rédiger son essai.

Votre texte comportera 160 à 180 mots.

Martin Bonnard

Les jeunes face à l'école

Situation

Vous travaillez et vivez à Paris. Le journal de votre entreprise contient une rubrique intitulée « Instantanés » où tout le monde peut raconter une expérience vécue à Paris, une anecdote, un moment de convivialité...

Un jour, vous avez trouvé dans votre boîte aux lettres cette invitation et vous avez participé à la soirée. Elle a bien commencé, mais à un moment un incident a failli troubler la fête. C'était plutôt amusant comme expérience et vous avez décidé d'en rendre compte dans le journal d'entreprise.

☆ **APÉRO** de la rue et de l'été
à partir de **18h45** le samedi **11 juin**
jus de fruits, vin..., du sucré et du salé...

❤ **VENEZ** et participez ☆
en apportant quelque chose à partager

VERS le tournant de la **rue Émile Desvaux**

un groupe de voisins

Écrivez votre témoignage.

Votre texte comportera 160 à 180 mots.

Drôle de soirée

....

....

....

....

....

....

....

....

....

....

....

....

....

....

Situation

France Gazette, un journal sur Internet contient une rubrique intitulée « Festival d'ailleurs » où il publie les témoignages des lecteurs. Vous avez participé à un festival intéressant dans votre pays et vous aimeriez le faire connaître aux lecteurs de *France Gazette.* Vous présentez le thème de ce festival, vousexpliquez où il a lieu, quand et comment il se déroule et vous racontez votre expérience de participant.

Rédigez votre article.

Votre texte comportera 160 à 180 mots.

(titre) ....

....
....
....
....
....
....
....
....
....
....
....
....
....
....
....
....
....
....
....
....
....
....
....

....

ÉPREUVES TYPES

1- Correspondance

➤ **activité 146**

Vous avez choisi l'une de ces destinations et avez profité de l'offre, mais rien ne s'est passé comme prévu : problèmes de transport, d'accueil et d'hébergement…

Au retour du week-end, vous écrivez une lettre de réclamation pour demander un dédommagement.

Adressez votre lettre au :

> Responsable du Service des Réclamations
> Agence de Voyages Carrefour
> 158, rue de la Liberté
> 75017 Paris
> France

Votre lettre comportera 160 à 180 mots.

2- Notes, messages et formulaires

➤ activité 147

Vous êtes en voyage d'affaires. Vous rédigez un message à l'attention de votre chef de service : vous décrivez ce que vous avez fait durant les trois premiers jours de votre mission, les personnes que vous avez rencontrées et les résultats de vos négociations. Vous lui demandez également quelques conseils concernant la suite de votre travail.

Votre message comportera 160 à 180 mots.

3- Essais et rapports

➤ activité 148

L'hebdomadaire français *Figaro Magazine* tient une rubrique intitulée « Expériences d'ailleurs ». On y publie des témoignages des lecteurs étrangers racontant leur rencontre avec la langue française et la pratique qu'ils en font dans leur vie privée et/ou professionnelle. Vous décidez de faire publier votre témoignage.

Dans votre article, n'oubliez pas de :

- vous présenter ;
- raconter vos débuts en français et vos motivations ;
- décrire les Situation n°s dans lesquelles vous utilisez cette langue et vos projets en relation avec le français.

Trouvez également un titre pour votre article.

Votre texte comportera 160 à 180 mots.

AUTO-ÉVALUATION

Vous avez fait les activités d'expression écrite du DELF B1.
À présent, dites :

    1. ce que vous êtes capable de faire pour préparer votre rédaction ;
    2. quels types de textes vous pouvez produire ;
    3. ce dont vous êtes capable de parler et ce que vous savez exprimer dans vos écrits.

Si vous répondez « pas très bien » ou « pas bien du tout », refaites les activités concernées.

	Très bien	Assez bien	Pas très bien	Pas bien du tout
➤ 1. Préparer ma rédaction				
Je peux identifier la nature du texte à produire.	❑	❑	❑	❑
Je peux trouver des formulations adaptées à la situation.	❑	❑	❑	❑
Je peux hiérarchiser les informations et organiser mon texte.	❑	❑	❑	❑
Je peux choisir une présentation adéquate.	❑	❑	❑	❑
➤ 2. Rédiger…				
Correspondance informelle :				
Je peux rédiger une lettre.	❑	❑	❑	❑
Je peux rédiger un message électronique.	❑	❑	❑	❑
Correspondance formelle :				
Je peux rédiger une lettre.	❑	❑	❑	❑
Je peux rédiger un message électronique.	❑	❑	❑	❑
Notes, messages et formulaires :				
Je peux rédiger un message électronique.	❑	❑	❑	❑
Je peux rédiger une note de service.	❑	❑	❑	❑
Je peux rédiger un message manuscrit.	❑	❑	❑	❑
Je peux rédiger un CV.	❑	❑	❑	❑
Je peux rédiger un dépliant informatif.	❑	❑	❑	❑
Essais et rapports :				
Je peux rédiger un article de presse écrite.	❑	❑	❑	❑
Je peux rédiger un article de journal en ligne.	❑	❑	❑	❑
Je peux rédiger un rapport de mission.	❑	❑	❑	❑
Je peux rédiger un rapport de service.	❑	❑	❑	❑
Je peux rédiger une page de journal intime.	❑	❑	❑	❑
Je peux rédiger un essai universitaire.	❑	❑	❑	❑

➤ 3. Lorsque je rédige...

Je peux me présenter en parlant de mes études, de mon expérience professionnelle, de mes capacités.	❑	❑	❑	❑
Je peux parler de ma motivation.	❑	❑	❑	❑
Je peux solliciter un entretien.	❑	❑	❑	❑
Je peux donner de mes nouvelles.	❑	❑	❑	❑
Je peux décrire en détail une expérience.	❑	❑	❑	❑
Je peux exprimer mes sentiments et mes impressions à propos d'un événement.	❑	❑	❑	❑
Je peux émettre une opinion sur un sujet précis.	❑	❑	❑	❑
Je peux donner des explications.	❑	❑	❑	❑
Je peux demander de l'aide ou un conseil.	❑	❑	❑	❑
Je peux réclamer une intervention.	❑	❑	❑	❑
Je peux exprimer mon désaccord.	❑	❑	❑	❑
Je peux transmettre des informations pertinentes.	❑	❑	❑	❑
Je peux donner des instructions.	❑	❑	❑	❑
Je peux faire des suggestions.	❑	❑	❑	❑
Je peux exprimer mon hésitation.	❑	❑	❑	❑
Je peux présenter des perspectives.	❑	❑	❑	❑
Je peux faire une réclamation.	❑	❑	❑	❑

PRODUCTION ORALE

CHAPITRE 4
ACTIVITÉS D'EXPRESSION ORALE EN CONTINU ET EN INTERACTION

➤ Description des activités

1. Parler de soi : entretien dirigé (présentation générale de soi)
2. Prendre part à une conversation : exercice en interaction (jeu de rôles)
3. S'exprimer en continu : monologue suivi (expression d'un point de vue à partir d'un document déclencheur)

➤ Démarche

Une seule activité principale construite en trois sous-parties vous permettra de vous entraîner à vous présenter en fonction des principaux sujets d'ordre général. Cette activité vous entraînera à répondre brièvement, mais avec précision et avec des exemples, à des questions générales susceptibles d'être posées par l'examinateur.

Chaque situation fait l'objet d'activités complémentaires organisées selon la progression suivante :

  – comprendre la situation ;
  – préparer le dialogue ;
  – adapter son comportement à la situation ;
  – jouer la situation.

Ces activités permettent au candidat d'**intégrer une méthode** d'apprentissage pour bien appréhender des situations de communication.

Progression des activités	Finalités méthodologiques	Type de tâches
Comprendre la situation Activités 150 à 153 (sit. n°1) ; 157, 158 (n°2) ; 164, 165 (n°3) ; 169, 170 (n°4) ; 175, 176 (n°5) ; 181, 182 (n°6).	Je m'entraîne à comprendre le rôle de mon personnage et à identifier les actions, les tâches qu'il devra accomplir.	Sélection, identification d'informations, association, mise en relation, classement, enrichissement.
Préparer le dialogue Activités 159, 160 (sit. n°2) ; 166 (n°3) ; 171 (n°4) ; 177 (n°5) ; 183 (n°6).	Je m'entraîne à utiliser mes compétences linguistiques en français (structures lexicales et grammaticales) pour atteindre mes objectifs de communication.	Emploi / mise en œuvre du vocabulaire, de la grammaire, dans le contexte de la situation proposée.
Adapter son comportement à la situation Activités 154 (sit. n°1) ; 161 (n°2) ; 167 (n°3) ; 172 (n°4) ; 178, 179 (n°5) ; 184 (n°6).	Je m'entraîne à adapter mon attitude, mon comportement en fonction de la situation.	Faire des choix en tenant compte de son interlocuteur.
Jouer la situation Activités 155, 156 (sit. n°1) ; 162, 163 (n°2) ; 168 (n°3) ; 173, 174 (n°4) ; 180 (n°5) ; 185 (n°6).	Je m'entraîne à interpréter et à jouer une situation.	Travail sur la gestuelle, la mimique (expression du visage), l'intonation, mise en scène de la situation en s'entraînant à simuler une conversation.

Les activités n⁰ˢ 149 et 150 ont pour objectif de vous entraîner à **développer votre capacité à identifier un thème en faisant des associations.**

L'activité n° 151 est un remue-méninges pour élargir le questionnement sur les thèmes identifiés afin de **faciliter l'expression de votre point de vue.**

Les activités n⁰ˢ 152 et 153 vous aideront à acquérir une **méthode** de travail pour **analyser différents types de supports, par :**
– l'observation,
– la description,
– la discussion.

C'est en effet en développant vos capacités à observer, décrire et interpréter que vous pourrez **préparer votre présentation** et **exprimer votre point de vue** dans les meilleures conditions.

Les activités qui suivront, vous proposeront un **entraînement** pour votre présentation face à l'examinateur.

➤ *Déroulement des épreuves*

1- **Parler de soi** (entretien dirigé)

Dans la première partie de l'examen oral du DELF B1, vous devrez, en une minute environ, **vous présenter d'une manière générale** à l'examinateur.
Il s'agira pour vous :
– d'identifier les sujets qui doivent être traités dans une présentation générale ;
– de développer votre capacité d'anticipation pour répondre à des questions concernant votre présentation générale.

L'examinateur pourra éventuellement vous poser quelques brèves questions pour obtenir des précisions sur votre présentation générale.
Vous devrez y répondre précisément mais brièvement.

2- **Prendre part à une conversation** (jeu de rôles)

Pour réussir cette deuxième partie de l'examen oral du DELF B1, vous devrez développer votre capacité à prendre part à une conversation.
Vous jouerez, pendant environ 5 minutes, le rôle d'un personnage ; l'examinateur sera votre interlocuteur et interprétera le rôle de l'autre personnage.
Pour cela, il faudra vous entraîner à :
– comprendre une situation de communication et identifier ses enjeux ;
– identifier et comprendre le rôle de chaque personnage ;
– identifier et comprendre ce que chaque personnage devra faire et dire ;
– mobiliser et utiliser immédiatement tous les moyens, tous les outils linguistiques nécessaires pour jouer la situation ;
– avoir l'attitude, le comportement adaptés à la situation.

3- **S'exprimer en continu** (monologue suivi)

Dans votre préparation, vous devrez **utiliser des stratégies de communication** pour :
– lire, observer, analyser ;
– identifier un thème général de discussion ;

– faire des hypothèses, interpréter ;
– poser des questions…
– décrire…
…avec des supports variés :
– image ou photo ;
– fond sonore, bruitages ;
– textes divers de type descriptif.
Vous aurez **10 minutes pour préparer** votre présentation.

1- Parler de soi
Entretien dirigé / présentation générale de soi

activité 149

1. Voici une liste de sujets dont vous devrez parler dans votre présentation générale :

> **a.** votre pays, votre ville d'origine, votre nationalité
>
> **b.** votre situation personnelle actuelle : activités professionnelles, études
>
> **c.** votre apprentissage de la langue française
>
> **d.** vos motivations pour passer le DELF
>
> **e.** votre intérêt pour la France ou les pays francophones : voyages, séjours éventuels
>
> **f.** vos projets professionnels et personnels

Pour chacun de ces sujets : imaginez et formulez la /les questions qui peuvent être posées par l'examinateur.

Ex. : Pourquoi apprenez-vous le français ?

....
....
....

2. Entraînez-vous à répondre.

Ex. : J'apprends le français d'une part pour aller étudier au Québec et d'autre part parce que je devrai probablement utiliser le français comme langue de travail. Mais j'étudie aussi le français pour mon plaisir et mon développement personnel, même si la grammaire française n'est pas toujours facile !

3. Écrivez maintenant ce que vous pensez dire pour vous présenter.

....
....
....
....
....
....
....
....

2- Prendre part à une conversation
Exercice en interaction / jeu de rôles en situation

Situation n°1

Vous êtes en voyage touristique en Normandie pendant le week-end. C'est samedi et vous avez garé votre voiture sur un parc de stationnement sans payer de ticket car vous pensez que le stationnement est gratuit le week-end. Quand vous retournez à votre voiture, vous voyez un agent de police en train de vous mettre une contravention. Vous courez vers l'agent de police pour lui demander ce qui se passe.

tivité 150 Avez-vous compris la situation ?

1. Quels sont les personnages ?

....

....

2. Où se passe la scène ?

....

....

3. De quoi vont-ils parler ?

....

....

4. Que va essayer de faire en priorité le conducteur de la voiture ?

    a. ❏ inviter l'agent de police à prendre un café

    b. ❏ négocier le prix de la contravention

    c. ❏ annuler la contravention

5. Dans cette situation, faut-il tutoyer l'agent de police ?

    a. ❏ peut-être

    b. ❏ oui

    c. ❏ non

tivité 151 Indiquez les actions que vous pensez faire :

    1. ❏ protester immédiatement contre l'agent de police

    2. ❏ dire que vous ne comprenez pas ce qui se passe

    3. ❏ contester la parole de l'agent de police s'il vous dit que le stationnement des voitures est payant le samedi mais gratuit le dimanche

    4. ❏ vous excuser auprès de l'agent de police

    5. ❏ exprimer des regrets

    6. ❏ vous mettre en colère contre l'agent de police

    7. ❏ essayer de vous justifier

    8. ❏ reconnaître que vous vous êtes trompé(e)

    9. ❏ menacer d'appeler votre consulat ou votre ambassade

    10. ❏ expliquer pourquoi vous n'avez pas payé le ticket de stationnement

    11. ❏ essayer de convaincre l'agent de police de votre bonne foi

    12. ❏ essayer de discuter avec l'agent de police et le convaincre de ne pas vous mettre de contravention

    13. ❏ dire que vous connaissez une personne influente qui annulera la contravention

    14. ❏ demander à l'agent de police d'être compréhensif

    15. ❏ promettre que vous serez plus attentif une prochaine fois

activité 152 Quelles actions ne ferez-vous donc pas ? Expliquez pourquoi, comme dans l'exemple.

Je ne ferai pas l'action n°...	... parce que...
1	cela risque d'irriter l'agent de police qui est en train d'accomplir sa mission
....	....
....	....
....	....
....	....
....	....
....	....
....	....
....	....
....	....
....	....
....	....
....	....

activité 153 Faites correspondre ce que vous allez faire à ce que vous allez dire. Attention ! Il y a une formulation en trop !

Ce que je fais	Ce que je dis
a. *Je m'excuse auprès de l'agent de police.*	**1.** C'est scandaleux ! Vous n'avez pas le droit de mettre de contravention aux touristes étrangers ! C'est inadmissible !
b. J'exprime des regrets.	**2.** Je vous jure que je ferai attention à l'avenir et que je vérifierai bien les indications !
c. Je reconnais mon erreur et j'essaie de me justifier.	**3.** Je ne savais pas que le stationnement était payant le samedi... Je pensais que c'était gratuit tout le week-end...
d. Je m'explique auprès de l'agent de police.	**4.** C'est vrai, je me suis trompé(e), mais je ne comprends pas parfaitement le français, j'avoue que j'ai mal lu les indications de l'horodateur.
e. Je promets que je serai plus attentif une prochaine fois.	**5.** Si j'avais su que c'était payant le samedi, j'aurais payé le ticket, bien évidemment... Je suis vraiment désolé(e) d'avoir commis une infraction !
f. Je discute avec l'agent de police et je cherche à le convaincre de ne pas me mettre de contravention.	**6.** S'il vous plaît, monsieur (madame) l'agent, je vous en prie, soyez compréhensif/ive... ! Vous savez, ce n'est pas toujours évident de connaître toutes les lois et tous les règlements quand on est étranger dans un pays... !
	7. *Écoutez, monsieur (madame) l'agent, c'est un malentendu, je vous présente toutes mes excuses.*

Ex. : a. 7	**b.**	**c.**	**d.**	**e.**	**f.** ....

ctivité 154 Dans la liste ci-dessous, cochez les attitudes adaptées à la situation.

Dans cette situation, je dois essayer de :

    a. ❏ me montrer désolé(e)

    b. ❏ être agressif/ive

    c. ❏ exprimer mon embarras

    d. ❏ me montrer convaincant(e)

    e. ❏ faire preuve d'indifférence

ctivité 155 🔊 **Geste, intonation, mimique**
Écoutez et choisissez l'intonation adaptée. Ensuite, associez-la au dessin correspondant.

Phrase A :

❏ intonation 1
❏ intonation 2
❏ intonation 3

    ❏ dessin 1   ❏ dessin 2   ❏ dessin 3

Phrase B :

❏ intonation 1
❏ intonation 2
❏ intonation 3

    ❏ dessin 1   ❏ dessin 2   ❏ dessin 3

Phrase C :

❏ intonation 1
❏ intonation 2
❏ intonation 3

    ❏ dessin 1   ❏ dessin 2   ❏ dessin 3

activité 156 Vous êtes le touriste, conducteur de la voiture. Complétez les répliques. Utilisez les répliques proposées dans l'activité 5 pour vous aider.

1. *Le touriste :* Monsieur l'agent, c'est ma voiture ! Qu'est-ce qui se passe ?
2. *L'agent :* Ah ! c'est votre voiture. Vous tombez bien !
3. *Le touriste :* ....!
4. *L'agent :* Oui, je vous mets une contravention car vous n'avez pas payé le stationnement.
5. *Le touriste :* ....
6. *L'agent :* C'est pourtant écrit clairement que le stationnement est payant tous les jours de la semaine, excepté le dimanche !
7. *Le touriste :* ....
8. *L'agent :* Ce n'est pas une raison ! Moi, je ne fais pas de différence entre les conducteurs !
9. *Le touriste :* ....
10. *L'agent :* Et si je faisais à chaque fois des exceptions, qui paierait les contraventions ?
11. *Le touriste :* ....
12. *L'agent :* Bon… C'est bon pour cette fois-ci ! Mais la prochaine fois… !
13. *Le touriste :* ....

Situation n°2

Vous passez dans la rue devant un café. Un(e) ami(e) qui est assis(e) à la terrasse de ce café vous reconnaît, se lève et vous appelle. Mais vous, vous ne le/la reconnaissez pas immédiatement parce que cela fait longtemps que vous ne vous êtes pas revu(e)s.
Il/elle vous invite à prendre un café pour discuter ensemble. Vous acceptez avec plaisir…

activité 157 **A.** Avez-vous compris la situation ?

1. Dans cette situation les personnages :
a. ❑ se rencontrent pour la première fois
b. ❑ sont des collègues de travail
c. ❑ ne se connaissent pas depuis longtemps
d. ❑ se sont connus il y a longtemps

2. La relation entre les personnages est formelle.

a. ❑ vrai
b. ❑ faux

3. Les personnages se rencontrent :

a. ❑ dans un café
b. ❑ dans la rue, à la terrasse d'un café

4. Dans cette situation, vous allez prendre un café parce que :

a. ❑ vous avez soif
b. ❑ vous voulez vous reposer
c. ❑ vous êtes content de faire cette rencontre et de discuter

B. Choisissez vos sujets de conversation :

a. ❏ le travail

b. ❏ la religion

c. ❏ le montant du salaire gagné

d. ❏ les souvenirs communs

e. ❏ la vie familiale et sentimentale

f. ❏ les problèmes d'argent

g. ❏ le lieu de résidence

h. ❏ la politique

C. De quels sujets n'allez-vous pas parler ? Expliquez pourquoi, comme dans l'exemple.

J'éviterai de parler du sujet ...	... parce que...
b. la religion	c'est un sujet trop personnel et privé et cela peut provoquer des disputes
....	....
....	....
....	....
....	....
....	....
....	....
....	....
....	....

tivité 158 Cochez les actions que vous allez faire.

1. ❏ parler de votre situation présente

2. ❏ vous présenter de façon formelle

3. ❏ échanger vos coordonnées

4. ❏ faire des commentaires sur l'apparence physique de votre ami(e)

5. ❏ éviter de proposer de vous revoir

6. ❏ parler de votre passé depuis votre dernière rencontre

7. ❏ évoquer des souvenirs communs

8. ❏ demander à votre ami de vous prêter de l'argent

9. ❏ parler de vos projets d'avenir

10. ❏ poser des questions sur la vie présente, sur la vie passée, sur les projets futurs

11. ❏ proposer de vous revoir

12. ❏ demander des nouvelles d'ancien(ne)s ami(e)s commun(e)s

ivité 159 Complétez les phrases.

• Paroles échangées : ce que peuvent dire les personnages.

1. Si tout se passe bien avec ...., mon ami(e) et moi, on ....
.... sinon on ....

2. Passe-moi ton adresse électronique, je te donne ....!

3. Non ce n'est pas possible ! Toi ? ici ? C'est ....!

4. Est-ce que tu comptes .... définitivement à ....?

5. Mais oui ! C'est bien toi ! Je n'en crois pas mes yeux ! Je te .... maintenant !

6. Qu'est-ce que tu .... , depuis tout ce temps ?

7. Et toi, qu'est-ce que tu as fait depuis ....?

8. Ça alors ! Mais c'est bien ....!

9. Actuellement, je travaille ....

10. J'habite toujours à .... mais je bosse depuis .... pour le Conseil de l'Europe en qualité de ....

11. Après ma thèse de doctorat, j'ai .... à l'étranger pendant un an.

12. Je n'envisage pas de .... l'Alsace pour le moment.

13. Est-ce que tu .... toujours à Strasbourg ?

14. Il faut absolument qu'on .... ensemble bientôt !

15. Comme tu as ....!

16. Oui, je pense que, quand ...., je créerai ma propre entreprise de ....

activité 160 Maintenant, classez les phrases dans le tableau : reportez les numéros dans les cases, comme dans l'exemple.

Ce que je fais	Paroles n°...
a. J'exprime ma surprise.	**3**..........
b. Je fais des commentaires sur l'apparence de mon ami(e).	....
c. Je m'informe sur la vie présente de mon ami(e).	....
d. Je m'informe sur les événements passés de la vie de mon ami(e).	....
e. Je cherche à savoir quels sont les projets futurs de mon ami(e).	....
f. Je parle de ma vie présente.	....
g. Je parle de mes expériences passées.	....
h. Je parle de mes projets d'avenir.	....
i. Je propose à mon ami(e) de nous revoir.	....
j. Je propose à mon ami(e) d'échanger nos coordonnées.	....

activité 161 Cochez les attitudes adaptées à la situation.

a. ❏ vouvoyer votre ami(e)

b. ❏ exprimer votre surprise

c. ❏ garder vos distances

d. ❏ faire preuve d'indifférence

e. ❏ tutoyer votre ami(e)

f. ❏ exprimer votre joie de revoir votre ami(e)

g. ❏ manifester votre intérêt

🎧 **1. Geste, intonation, mimique**
Écoutez et choisissez l'intonation adaptée. Ensuite, associez-la au dessin qui convient.

Phrase A :

❏ intonation 1
❏ intonation 2
❏ intonation 3

❏ dessin 1   ❏ dessin 2   ❏ dessin 3

Phrase B :

❏ intonation 1
❏ intonation 2
❏ intonation 3

❏ dessin 1   ❏ dessin 2   ❏ dessin 3

Phrase C :

❏ intonation 1
❏ intonation 2
❏ intonation 3

❏ dessin 1   ❏ dessin 2   ❏ dessin 3

🎧 **2.** Écoutez trois manières (rythme et prononciation) de prononcer cette phrase :
« *Non ce n'est pas possible ! Toi ? ici ? C'est incroyable !* »
Quelle est celle qui convient le mieux à la situation ? Cochez la bonne réponse.

❏ rythme et prononciation 1
❏ rythme et prononciation 2
❏ rythme et prononciation 3

activité 163 Et maintenant, jouez la situation avec votre interlocuteur !
Vous êtes l'ami qui passe dans la rue. Complétez le dialogue : utilisez éventuellement les répliques proposées dans l'activité n° 160.

L'ami à la terrasse (A1) : Abdel ! Abdel ! C'est moi Jean-François, Jean-François Lemayeur… tu te souviens ?

L'ami passant (A2) : Jean-François… Jean-François… Ah oui, Lemayeur… Jean-François Lemayeur ! J'y suis !… Non, ce n'est pas possible ! Toi ? ici ? C'est incroyable !

A1 : Eh oui, c'est bien moi ! Mais dis-moi, qu'est-ce que tu fais là ?

A2 : ....
Et toi qu'est-ce que tu fais ici?

A1 : ....

A2 : ....

A1 : Écoute, plutôt que de rester debout on pourrait prendre un café ensemble, ça te dit ? Tu as le temps ?

A2 : ....

A1 : Voilà, alors raconte, qu'est que tu as fait depuis tout ce temps ?

A2 : ....

A1 : ....

A2 : ....

A1 : ....

A2 : ....

A1 : ....

A2 : Écoute, il faut absolument qu'on reste en contact et qu'on organise une petite soirée ensemble.

A1 : Oui, tu as tout à fait raison.

A2 : Alors, passe-moi ton adresse électronique, et je te donne la mienne !

Situation n°3

Un(e) ami(e) vous appelle au téléphone parce qu'il/elle souhaite visiter votre région d'origine. Cet(te) ami(e) ne sait pas encore combien de temps durera son voyage touristique (peut-être seulement un long week-end, une semaine ou plus) mais il/elle souhaite se renseigner auprès de vous et obtenir le plus possible d'informations pratiques, culturelles, touristiques.

activité 164 Avez-vous compris la situation ?

1. Quels sont les personnages ?

	vrai	faux	on ne sait pas
a. deux touristes	❑	❑	❑
b. un client et un agent touristique	❑	❑	❑
c. deux amis	❑	❑	❑
d. deux collègues	❑	❑	❑

2. Les deux personnages ...

   a. ❏ se parlent dans la rue
   b. ❏ communiquent par courrier électronique
   c. ❏ se parlent au téléphone

3. De quoi vont parler les personnages ?

   a. ❏ de souvenirs de voyage
   b. ❏ d'un projet de voyage

4. La personne qui appelle connaît bien sa destination de voyage :

   a. ❏ vrai
   b. ❏ faux
   c. ❏ on sait pas

5. Pourquoi la personne appelle-t-elle ?

   a. ❏ pour faire une réservation
   b. ❏ pour s'informer

tivité 165 Mettez une croix dans la colonne correspondant à ce que vous et votre ami allez faire. Attention ! Certaines actions peuvent être réalisées par les deux personnages.

Ce que je fais : actions / tâches à réaliser	Vous	Votre ami (e)	Les deux
a. J'exprime une intention.			
b. J'établis un contact.			
c. Je me présente.			
d. Je prends des nouvelles de l'autre.			
e. Je décris des lieux.			
f. Je déconseille à l'autre personne de faire quelque chose.			
g. Je demande des renseignements pratiques.			
h. Je fais des suggestions et des recommandations.			
i. Je donne des indications de temps et de durée.			
j. Je demande des précisions de temps et de durée.			

tivité 166 Dans cette situation, qui dit quoi ? Complétez les phrases. Ensuite, associez chaque phrases (1, 2, ...) à une action (a, b, ...) de l'activité 165.

   • Paroles échangées : ce que peuvent dire les personnages.

   1. Combien de .... vas-tu rester sur place ?
   2. J'arriverai .... et je séjournerai sur place pendant ....
   3. Je te conseillerais de .... le centre-ville en/à ....
   4. Ne perds surtout pas ton temps dans ....
   5. Combien faut-il .... pour aller dans un bon restaurant ?
   6. C'est une région rurale, avec des paysages .... et encore
   ....
   7. Bonjour, c'est Isabelle à l' ....
   8. Qu'est-ce que tu .... depuis la dernière fois qu'on s'est vu ?

9. Je t'appelle pour te demander ....

10. J'envisage de .... et de .... dans ton pays,

....

1.	2.	3.	4.	5.	6.	7.	8.	9.	10. ....

activité 167 Cochez les numéros des attitudes adaptées à la situation.

1. ❑ manifester de l'intérêt pour les questions de votre interlocuteur
2. ❑ vous montrer indifférent
3. ❑ faire de votre mieux pour donner le maximum de précisions
4. ❑ répondre que vous refusez de le/la renseigner
5. ❑ essayer de donner la meilleure image possible de votre région
6. ❑ susciter chez votre interlocuteur le désir de connaître votre région

activité 168 Composez votre dialogue : utilisez les paroles échangées entre les deux personnages (cf. activité 166) et ajoutez-en d'autres.

Situation n°4

Vous avez fait réaliser chez vous des travaux de plomberie. Avant ces travaux, vous aviez signé un devis (un contrat) avec un plombier pour vous mettre d'accord sur le prix global des travaux à réaliser. Après la réalisation des travaux, vous recevez la facture et vous constatez que la somme est 50% plus élevée que le prix convenu. Vous appelez immédiatement ce plombier pour demander des explications.

activité 169 Avez-vous compris la situation ?

1. Quels sont les personnages ? Écrivez votre réponse.

....

....

2. De quoi les personnages vont-ils parler ?

a. ❑ d'un problème de plomberie   b. ❑ d'un problème de facture

3. Les personnages se connaissent-ils ?

a. ❑ oui   b. ❑ non

4. La relation entre les personnages est :

a. ❑ formelle et donc les personnages se vouvoient

b. ❑ informelle et donc les personnages se tutoient

5. La personne qui appelle demande des explications :

a. ❑ pour satisfaire sa curiosité

b. ❑ parce qu'elle n'est pas satisfaite des travaux réalisés

c. ❑ parce qu'il y a un problème de facturation

6. Les deux personnages vont devoir se mettre d'accord.

a. ❑ oui   b. ❑ non

ctivité 170 Dans cette situation, qui fait quoi ? Identifiez ce que chaque personnage va faire : mettez une croix dans le tableau, comme dans l'exemple.
Attention ! Certaines actions peuvent être réalisées par les deux personnages

Ce que je fais dans cette situation	Vous, client(e)	Le plombier	Les deux
a. *Je proteste.*	X		
b. J'exprime une insatisfaction.			
c. Je donne une explication, je me justifie.			
d. J'exprime un désaccord.			
e. Je formule une hypothèse et j'exprime une menace.			
f. J'exprime une nécessité.			
g. Je rapporte, je rappelle ce qui avait été décidé et convenu.			
h. Je m'excuse.			
i. Je salue et je me présente.			

ctivité 171 Qui parle ?
Complétez les phrases ci-dessous et indiquez celui qui parle.

Paroles possibles	Vous, client(e)	Le plombier	Les deux
1. *Vous aviez dit que .... ne dépasserait pas le montant du devis.*	X		
2. Il faut absolument que nous trouvions ....!			
3. Je suis vraiment .... que vous soyez mécontent(e).			
4. Si vous ne .... pas la facture, ...!			
5. Je .... vos nouvelles conditions !			
6. Ce n'est pas de ma ....! Le travail a été plus .... que prévu et j'ai dû .... du matériel			
7. Je suis très déçu de			
8. C'est ....! C'est scandaleux ! Vous n'avez pas ....!			

activité 172

1. À votre avis, quelle est la meilleure attitude à adopter pour faire baisser la facture ? Cochez les attitudes appropriées.

a. ❏ se mettre en colère

b. ❏ faire preuve de fermeté

c. ❏ insulter le plombier

d. ❏ faire comprendre au plombier qu'il n'a pas respecté les clauses du contrat

e. ❏ aller faire un scandale dans la boutique du plombier

f. ❏ utiliser des arguments juridiques

2. Quelles attitudes éviterez-vous d'avoir ? Dites pourquoi, comme dans l'exemple.

J'éviterai...	... parce que...
3. d'insulter le plombier	ce n'est pas correct et que je risque de provoquer son agressivité
....	....
....	....
....	....
....	....
....	....
....	....
....	....
....	....
....	....

activité 173

🎧 Geste, intonation, mimique

Écoutez et choisissez l'intonation adaptée. Ensuite, associez-la au dessin correspondant.

Phrase A :

❏ intonation 1
❏ intonation 2
❏ intonation 3

❏ dessin 1   ❏ dessin 2   ❏ dessin 3

Phrase B :

❏ intonation 1
❏ intonation 2
❏ intonation 3

❏ dessin 1   ❏ dessin 2   ❏ dessin 3

phrase C :

❏ intonation 1
❏ intonation 2
❏ intonation 3

❏ dessin 1 ❏ dessin 2 ❏ dessin 3

tivité 174 Et maintenant, interprétez la situation ! Complétez ce dialogue comme vous le voulez mais en tenant compte des répliques proposées.

Le / la client(e) (C) : Allô, monsieur Jacquemart, ici madame Letourneur. Je viens de recevoir votre facture et je ne comprends absolument pas ce qui se passe... Comment se fait-il que la facture soit 50% plus chère que le devis ?

....
....
....

(C) : Mais vous avez dit que la facture finale ne dépasserait pas le montant du devis !

....
....

Le plombier (P) : ....
....
....

mais attention, madame Letourneur, si vous ne payez pas la facture nous règlerons le problème au tribunal !

....
....
....

(C) : C'est inadmissible ! C'est scandaleux ! Vous n'avez pas le droit ! J'appelle tout de suite mon avocat !

....
....
....

(C) : Eh bien , vous voyez monsieur Jaquemart, en discutant, on trouve toujours une solution !

(P) : Eh oui ! madame Letourneur, vous avez raison ! Ça ne sert à rien de s'énerver !

Situation n°5

Nous sommes au début du mois d'août. Vous êtes dans une agence de voyages de la SNCF pour réserver un billet aller-retour en TGV Paris-Montpellier car vous avez finalement décidé, à la dernière minute, de prendre une semaine de vacances dans le sud de la France. Un ami vous propose en effet de vous prêter son appartement pendant la deuxième semaine d'août.

Vous proposez à l'agent de la SNCF vos dates et heures de départ pour l'aller et le retour mais il/elle vous répond que tout est complet...

activité 175   Avez-vous compris la situation ?

1. Quels sont les personnages ?

....

....

2. Où la situation se passe-t-elle ?

     a. ❏ à Montpellier

     b. ❏ à l'aéroport

     c. ❏ dans une agence de la SNCF

3. Quand la situation se passe-t-elle ?

     a. ❏ pendant une période de grèves en France

     b. ❏ pendant une période de vacances d'été en France

4. L'un des deux personnages rencontre une difficulté :

     a. ❏ parce qu'il n'a pas assez d'argent

     b. ❏ parce qu'il n'a pas programmé son voyage assez tôt

     c. ❏ parce qu'il y a une grève des transports

activité 176   Répartissez les différentes actions entre les personnages. Attention ! Une action peut être réalisée par les deux personnages.

Ce que je fais : actions / tâches à réaliser	Vous	L'agent SNCF	Les deux
a. *Je demande à faire une réservation.*	X		
b. Je donne des instructions de dates et d'heures.			
c. J'exprime une impossibilité.			
d. J'expose des contraintes personnelles de temps.			
e. Je propose des solutions de remplacement à quelqu'un.			
f. Je présente à quelqu'un des disponibilités de dates et d'heures.			
g. J'exprime un léger reproche à quelqu'un.			
h. Je m'informe sur les disponibilités de temps de quelqu'un.			
i. J'exprime des remerciements.			

Activité 177 Dans cette situation, qui dit quoi ? Complétez les phrases et indiquez avec une croix quel personnage est susceptible de les dire.

Paroles possibles	Vous	L'agent SNCF	Les deux
1. Je vous remercie pour .... et pour votre			
2. Quel autre .... de cette semaine et à quelle heure pourriez-vous ...., au plus tard ?			
3. Vous auriez dû .... plus tôt.			
4. J'aimerais .... une réservation TGV.			
5. Écoutez, il nous reste encore ....en première .... mardi 9 août à 12 h 50.			
6. Pourriez-vous partir .... dans la semaine ?			
7. Je dois absolument .... à Montpellier, au plus tard lundi 8 août en début d'après-midi.			
8. Je suis ...., mais tous .... sont complets jusqu'au mardi 9 août.			
9. Il me faudrait .... pour Montpellier, le dimanche 7 août après midi à 14 h 33.			

Activité 178 Dans cette situation, quels sont les comportements les mieux adaptés ? Cochez ce qui convient à chaque personnage.

1. Vous, le client :

a. ❑ Je me mets en colère sous prétexte que je ne peux pas obtenir entière satisfaction.

b. ❑ J'accepte un compromis et je modifie mes plans initiaux.

c. ❑ Je m'obstine à ne pas changer mes plans initiaux.

d. ❑ Je critique la Société SNCF.

e. ❑ Je me montre reconnaissant(e) des efforts de l'agent SNCF.

2. L'agent SNCF :

a. ❑ Je m'énerve parce que je ne peux pas apporter satisfaction à la demande du client / de la cliente.

b. ❑ Je fais preuve de patience, de persévérance.

c. ❑ Je persuade le/la client(e) de modifier ses plans initiaux.

d. ❑ Je refuse de continuer de servir le la client(e).

e. ❑ Je dédramatise la situation en faisant de l'humour avec le/la client(e).

Activité 179 Quelles attitudes de l'activité précédente les personnages devront-ils éviter ? Expliquez pourquoi, comme dans l'exemple.

1. Le client :

Le client devra éviter...	... parce que...
a. de se mettre en colère sous prétexte qu'il ne peut pas obtenir entière satisfaction	*cela risque de bloquer la coopération de l'agent SNCF.*

2. L'agent SNCF :

L'agent SNCF devra éviter...	... parce que...
a. de s'énerver parce que il ne peut pas apporter satisfaction à la demande du client /de la cliente	*cela risque de donner une mauvaise image de la SNCF.*

activité 180   Et maintenant, jouez la situation! Créez maintenant le dialogue entre les deux personnes ! Utilisez les paroles de l'activité 177 et inventez-en d'autres pour composer et compléter votre dialogue.

Situation n°6

Un(e) ami(e) vient de terminer aujourd'hui de passer tous ses examens et attend maintenant ses résultats. Vous lui téléphonez et lui proposez alors de sortir avec des amis mais il/elle vous répond qu'il/elle préfère rester seul(e) et concentré(e) chez lui/elle et repenser à tout ce qu'il/elle à écrit et dit durant ses examens. Vous n'êtes pas d'accord avec son point de vue et vous essayez de le/la convaincre de sortir pour se changer les idées.

activité 181   Avez-vous compris la situation ? Pensez à vous poser les questions suivantes et entraînez-vous à y répondre.

1. Qui sont les personnages ?

....

2. La relation entre les personnages est-elle formelle ou informelle ?

....

3. Où la situation se passe-t-elle?

....

4. Quand la situation se passe-t-elle?

....

5. Quel est le problème ?

....

6. De quoi les personnages vont-ils parler ?

....

activité 182   Comment allez-vous faire pour convaincre votre ami(e) ?
Choisissez les tâches et mettez une croix dans colonne du tableau, comme dans l'exemple.
Attention ! Certaines actions peuvent être réalisées par les deux personnages de la situation.

Ce que je fais : actions / tâches à réaliser	Vous	Votre ami(e)	Les deux
a. Je prends des nouvelles de quelqu'un.			
b. Je demande des précisions sur un événement passé.			
c. J'exprime une réserve.			
d. Je propose une invitation.			
e. Je refuse, je décline une invitation.			
f. J'argumente, j'essaie de convaincre.			
g. Je donne un conseil.			
h. J'exprime une hypothèse et une conséquence possible.			
i. Je demande à l'autre son opinion.			
j. Je déconseille à l'autre de faire quelque chose.			
k. J'accepte quelque chose en posant des conditions.			
l. J'exprime mon désaccord.			

tivité 183

1. Complétez les phrases. Ensuite, associez chaque phrase à la tâche qui lui correspond, comme dans l'exemple.

Paroles échangées : ce que peuvent dire les personnages	Ce que font les personnages
1. *C'est bon, tu as gagné ! Je veux bien ...., à condition de ....*	**a.** Je prends des nouvelles de l'autre.
2. Tu ne devrais pas .... et t'isoler. Ça ne sert à rien de penser à tout cela ! Les jeux sont faits !	**b.** Je demande des précisions sur un événement passé.
3. À ta place, ... tout cela et j'en profiterais pour .... !	**c.** J'exprime une réserve.
4. Si tu .... tout(e) seul(e), tu risques de .... et de	**d.** Je propose une invitation.
5. Tu sais, je ne pense pas que .... soit une bonne chose pour moi.	**e.** Je refuse, je décline une invitation.
6. Ça te dirait de .... avec nous ? On pourrait ensuite .... !	**f.** J'argumente, j'essaie de convaincre.
7. Ah, là, je ne .... ton point de vue !	**g.** Je donne un conseil.
8. Alors, raconte un peu, comment .... tes examens ? Est-ce que tu penses .... ?	**h.** Je formule une hypothèse.
9. Alors ! Comment .... après toute cette semaine d'examens ?	**i.** Je demande à l'autre son opinion.
10. Désolé(e), mais je pense qu'il est préférable que .... pour me reposer.	**j.** Je déconseille à l'autre de faire quelque chose.
11. Dis-moi, qu'en penses-tu ? Qu'est-ce que tu .... à ma place ?	**k.** *J'accepte quelque chose en posant des conditions.*
12. Ne .... surtout pas tes cours pour faire des	**l.** J'exprime mon désaccord.

1. *k.*	2.	3.	4.	5.	6.	7.	8.	9.	10.	11.	12. ......

2. Utilisez les phrases précédentes pour vous aider à composer un dialogue. Vous pouvez les adapter et en ajouter d'autres quand c'est nécessaire.

activité 184 Cochez les comportements les mieux adaptés.
Afin de convaincre votre ami de ne pas rester seul(e) et de se joindre à vous, vous allez :

1. ❑ vous montrer agacé(e)
2. ❑ vous montrer à l'écoute de ses émotions
3. ❑ vous moquer de lui / d'elle
4. ❑ critiquer fermement son point de vue
5. ❑ exprimer votre compréhension
6. ❑ lui expliquer tous les avantages de sortir avec des amis
7. ❑ lui faire comprendre qu'il est stupide

activité 185 Maintenant jouez la scène ! Pensez à bien adapter vos gestes, votre intonation à ce que vous dites.

3- S'exprimer en continu
Monologue suivi/expression d'un point de vue à partir d'un document déclencheur

Identifier un thème et faire des associations

activité 186 Mettez en relation les thèmes de la liste avec les images. Attention ! plusieurs images peuvent représenter le même thème et tous les thèmes ne sont pas représentés.

Thèmes généraux de discussion	Image ...
1. l'écologie, l'environnement	
2. le travail, le monde professionnel	
3. l'école, l'éducation, les études	
4. les loisirs	
5. les technologies, le progrès scientifique	
6. les relations entre les hommes et les femmes	
7. les relations personnelles avec les autres	
8. l'homme et les animaux	
9. les médias	
10. l'argent, la consommation	
11. la mode, les vêtements	
12. la nourriture, la gastronomie	
13. les relations quotidiennes avec les administrations publiques et privées	
14. la vie citoyenne	

Image A

Image B

Image C

Image D

Image E

Image F

Image G

Image H

Image I

Image J

Image K

Image L

activité 187 🎧 Observez la liste des thèmes. Écoutez les enregistrements. Pour chaque enregistrement (A, B, ...), indiquez le(s) numéro(s) des thèmes correspondant(s). Attention ! Certains bruitages peuvent évoquer plusieurs thèmes et tous les thèmes ne sont pas représentés. Écrivez vos réponses dans le tableau.

Thèmes détaillés de discussion	Enregistrements / bruitages						
	A	B	C	D	E	F	G
1. la nature / l'environnement naturel ; la vie rurale ; la ville / l'environnement urbain ; la vie urbaine ; la pollution ; l'industrialisation ; les transports							
2. les métiers/ les professions ; le travail en équipe ; l'argent/les salaires ; la recherche d'emploi/le chômage ; la vie professionnelle/la vie privée ; la carrière professionnelle/le développement personnel ; les conflits/la grève							
3. les études / les diplômes ; apprendre avec les technologies de l'information et de la communication							
4. les loisirs sportifs (sports), les loisirs culturels et artistiques (lecture, cinéma, théâtre, expositions, concerts, spectacles, visites), les loisirs touristiques (voyages, visites, gastronomie) les loisirs domestiques (cuisine, télévision, bricolage, cinéma-maison, les jeux vidéo, les repas en famille et entre amis)							
5. l'utilisation du téléphone portable, de l'ordinateur, de l'internet							
6. différences et inégalités, injustices et discriminations entre les personnes							
7. le couple, la famille, les amis, les âges de la vie, les différentes générations							
8. la chasse, la pêche, les safaris-photos, la corrida							
9. la télévision, la presse écrite, la radio, la presse Internet							
10. la banque, les jeux de chance et de hasard, les casinos, la société de consommation							
11. l'apparence physique, les codes sociaux et les vêtements							
12. le goût, les recettes de cuisine, les restaurants							
13. la banque, la poste, l'administration							
14. la vie associative / l'engagement personnel et associatif, défendre des causes, l'entraide / la solidarité, le bénévolat							
15. les jeux d'argent, les salaires, les taxes et les impôts							

tivité 188 À quoi vous font penser ces thèmes ? Écrivez vos idées et complétez librement la deuxième colonne du tableau. Comparez ensuite vos propositions avec celles de votre voisin.

Ces thèmes	... me font penser à...
1. l'écologie, l'environnement	
2. le travail, le monde professionnel	
3. l'école, l'éducation, les études	
4. les loisirs	
5. les technologies, le progrès scientifique	
6. les relations entre les genres (hommes/femmes)	
7. les relations personnelles avec les autres	
8. l'homme et les animaux	
9. les médias	
10. l'argent, la consommation	
11. la mode, les vêtements	
12. la nourriture, la gastronomie	
13. les relations quotidiennes avec les administrations publiques et privées	
14. la vie citoyenne	

activité 189   Reliez les éléments de la liste A avec ceux de la liste B.

Liste de thèmes A	Liste de thèmes B
1. *l'écologie, l'environnement*	**1.** les loisirs sportifs (sports), les loisirs culturels et artistiques (lecture, cinéma, théâtre, expositions, concerts, spectacles, visites), les loisirs touristiques (voyages, visites, gastronomie), les loisirs domestiques (télévision, bricolage, cinéma-maison, les jeux vidéo, les repas en famille et entre amis
2. le travail, le monde professionnel	**2.** différences et inégalités, injustices et discriminations entre les personnes
3. l'école, l'éducation, les études	**3.** le couple, la famille, les amis, les âges de la vie, les différentes générations
4. les loisirs	**4.** *la nature /l'environnement naturel ; la vie rurale ; la ville /l'environnement urbain ; la vie urbaine ; la pollution ; l'industrialisation ; les transports*
5. les technologies, le progrès scientifique	**5.** la télévision, la presse écrite, la radio, la presse internet
6. les relations entre les hommes et les femmes	**6.** les métiers/ les professions ; le travail en équipe ; l'argent/les salaires ; la recherche d'emploi/le chômage ; la vie professionnelle/la vie privée ; la carrière professionnelle/le développement personnel ; les conflits/la grève
7. les relations personnelles avec les autres	**7.** les études / les diplômes ; apprendre avec les technologies de l'information et de la communication
8. l'homme et les animaux	**8.** la banque, les jeux de chance et de hasard, les casinos, la société de consommation, les jeux d'argent, les salaires, les taxes et les impôts
9. les médias	**9.** l'apparence physique, les codes sociaux et les vêtements
10. l'argent, la consommation	**10.** la banque, la poste, l'Administration
11. la mode, les vêtements	**11.** la vie associative/l'engagement personnel et associatif, défendre des causes, l'entraide/ la solidarité, le bénévolat
12. la nourriture, la gastronomie	**12.** l'utilisation du téléphone portable, de l'ordinateur, de l'internet
13. les relations quotidiennes avec les administrations publiques et privées	**13.** le goût, les recettes de cuisine, les restaurants
14. la vie citoyenne	**14.** la chasse, les safaris photo, la corrida, les animaux domestiques de compagnie

A1. B4	....	....	....	....	....	....
....	....	....	....	....	....	....

Identifier un thème et se poser des questions

Activité 190 Voici douze groupes de questions. À partir de ces questions, trouvez un thème correspondant à chaque groupe. Ensuite, posez d'autres questions sur le même thème.

❑ **Groupe 1**

– Le mariage est-il la seule façon de vivre en couple ?

– Aimer la même personne toute sa vie, est-ce possible ?

– Peut-on garder les mêmes amis toute sa vie ?

Thème : ....

Trouvez d'autres questions sur le même thème.

....

....

❑ **Groupe 2**

– La nature est-elle en danger sur la planète ?

– Le développement industriel est-il un risque pour l'environnement ?

– Les voitures sont-elles un progrès ou une nuisance ?

Thème : ....

Trouvez d'autres questions sur le même thème.

....

....

❑ **Groupe 3**

– Les animaux sont-ils une menace pour l'homme ?

– La chasse est-elle un loisir comme les autres ? Est-elle une activité encore nécessaire ?

– Les animaux de compagnie peuvent-ils apporter du bonheur au personnes ?

Thème : ....

Trouvez d'autres questions sur le même thème.

....

....

❑ **Groupe 4**

– Les hommes et les femmes ont-ils les mêmes avantages dans la société ?

– Les femmes peuvent-elles exercer tous les métiers ?

– Les garçons et les filles doivent-ils recevoir la même éducation ?

Thème : ....

Trouvez d'autres questions sur le même thème.

....

....

❑ **Groupe 5**

– Les parents peuvent-ils remplacer les professeurs ?

– L'ordinateur et l'Internet peuvent-ils remplacer les professeurs ?

– Les diplômes sont-ils nécessaires pour réussir une vie professionnelle ?

Thème : ....

Trouvez d'autres questions sur le même thème.

....

....

❏ **Groupe 6**

– Pourquoi faut-il travailler dans la vie ?

– Est-il toujours facile de combiner la vie professionnelle et la vie personnelle ?

– Les gens travaillent-ils toujours pour l'argent ?

Thème : ....

Trouvez d'autres questions sur le même thème.

....

....

❏ **Groupe 7**

– Le progrès scientifique et technique est-il toujours sans risque ?

– Internet et le téléphone portable améliorent-ils la communication entre les personnes ?

– La science et la technologie répondront-elles à toutes les questions, et pourront-elles résoudre tous les problèmes ?

Thème : ....

Trouvez d'autres questions sur le même thème.

....

....

❏ **Groupe 8**

– Le tourisme peut-il transformer la culture d'un pays ?

– Les touristes peuvent-ils contribuer au développement d'un pays ?

– Voyager permet-il de mieux connaître les autres cultures ?

Thème : ....

Trouvez d'autres questions sur le même thème.

....

....

❏ **Groupe 9**

– Peut-on vivre heureux sans argent ?

– Faire des achats dans les magasins est-il un plaisir ou une nécessité ?

– Les consommateurs sont-ils manipulés par la publicité ?

Thème : ....

Trouvez d'autres questions sur le même thème.

....

....

❏ **Groupe 10**

– Pourriez-vous vivre sans musique ?

– Préférez-vous lire un livre ou aller au cinéma ?

– Préférez-vous écouter un CD à la maison ou aller à un concert ?

Thème : ....

Trouvez d'autres questions sur le même thème.

....

....

❏ **Groupe 11**

– Être journaliste est-il un métier dangereux ?

– Quels médias préférez-vous : la télévision, la radio, les journaux, la presse Internet ?

– Doit-on tout dire et tout montrer dans les journaux télévisés ?
Thème : ....
Trouvez d'autres questions sur le même thème.
....
....

❑ Groupe 12

– Rendre service aux autres, est-ce une perte de temps personnel ?
– Y a t-il des causes prioritaires pour l'humanité et la planète ?
Thème : ....
Trouvez d'autres questions sur le même thème.
....
....

Observer, analyser, présenter une image

Activité 191 Comment faire pour présenter une image ou une photo ?
Retrouvez la logique de la présentation, étape par étape, et indiquez vos réponses dans le tableau.

a. Illustrer avec des exemples.

b. Dire comment elle est organisée, composée.

c. Dire pourquoi, dans quel but cette photo a été prise.

d. Dégager le thème général et développer vos idées.

e. Observer bien la photo.

f. Décrire les éléments importants de cette photo : personnages, lieux, objets, texte.

g. Identifier son origine / dire d'où elle vient / donner ses références.

h. Exprimer ce que cette photo inspire (quelles sont les impressions quand on regarde cette photo ?)

i. Décrire ce qu'elle représente d'une manière générale.

Étapes	1	2	3	4	5	6	7	8	9
Ce que je vais faire									

Lire, analyser un texte et pouvoir en parler

Activité 192 Comment faire pour présenter un texte court ?
Trouvez la meilleure façon de présenter un texte et notez l'ordre des étapes dans le tableau.

a. Exprimer un point de vue critique sur le texte.

b. Observer globalement le texte.

c. Sélectionner les informations importantes du texte pour les présenter.

d. Identifiez le genre du texte : article, publicité, extrait de brochure, etc.

e. Dégager le thème du texte.

f. Identifier les références du texte : auteur, livre, journal, date.

g. Lire le texte.

h. Dire pourquoi ce texte est écrit.

i. Dire pour qui ce texte est écrit.

j. donner des exemples.

Étapes	1	2	3	4	5	6	7	8	9	10
Ce que je vais faire										

activité 193 Comment faire un exposé ?

Un étudiant qui prépare l'examen oral du DELF a demandé à son professeur quelques conseils pour faire une présentation claire et efficace : le problème est qu'il les a écrits dans le désordre… Il vous demande de l'aider à les remettre en ordre.

a. Dialoguez avec l'examinateur.

b. Organisez vos idées.

c. Partez de votre analyse précise de la photo ou du texte.

d. Exprimez votre point de vue personnel sur le sujet avec des exemples précis.

e. Dites le thème général / le problème général posé par le texte ou par la photo.

f. Développez vos idées.

g. Formulez des questions posées ou suggérées par le texte ou la photo.

Étapes	1	2	3	4	5	6	7
Conseils							

ACTIVITÉS D'ENTRAÎNEMENT À L'EXPOSÉ

Maintenant, entraînez-vous à préparer et présenter un exposé.

activité 194

Le film du mois

Mathilde, l'héroïne du film, est déterminée à retrouver son fiancé, disparu mystérieusement lors de la Première Guerre mondiale. Avec une détermination à toute épreuve, elle bravera monts et marées pour découvrir la vérité sur la disparition mystérieuse de son grand amour.

Ce merveilleux film retrace avec force, passion, tristesse et espoir, cette période, où se mêlent l'histoire des peuples et l'histoire des gens. Le personnage principal est bouleversant de sincérité, le scénario très bien construit et les images sont magnifiques. À voir, absolument, en semaine ou ce week-end, entre amis ou en solo, pour l'émotion, pour le plaisir, pour Audrey, alias Mathilde ! *Un long dimanche de fiancailles,* une longue séance de bonheur…

Rejoignez-nous sur notre site Internet www.francecinemax.fr et donnez votre opinion sur le film.

France-cineMEGAzine, novembre 2004.

A. J'identifie le document : cochez les bonnes réponses.

1. Ce document est extrait d'un magazine consacré au cinéma :

a. ❏ non

b. ❏ on ne peut pas savoir

c. ❏ oui probablement

2. Il s'agit :

    a. ❏ d'un scénario de film

    b. ❏ d'une critique de film

    c. ❏ d'une critique de documentaire historique

3. Répondez par oui ou par non :

	oui	non
a. le texte parle du film de manière négative	❏	❏
b. le texte parle du film de manière positive	❏	❏
c. le texte raconte toute l'histoire du film	❏	❏
d. le texte donne le sujet général du film	❏	❏

4. Ce texte a pour objectif de

    a. ❏ dissuader les lecteurs d'aller voir le film

    b. ❏ donner envie aux lecteurs d'aller voir le film

    c. ❏ raconter aux lecteurs l'histoire du film

B. Je trouve le thème. Ce texte fait référence...

    a. ❏ aux loisirs sportifs

    b. ❏ aux loisirs culturels

    c. ❏ aux loisirs touristiques

C. J'organise mes idées.
Voici des questions pour vous aider à organiser vos idées. Entraînez-vous à y répondre.

1. Qu'est-ce que le cinéma peut apporter aux spectateurs d'une manière générale ?
....
....

2. Qu'est-ce que je recherche quand je vais au cinéma ?
....
....

3. Quels types de films est-ce que je préfère ? Pourquoi?
....
....

4. Est-ce qu'il est préférable de lire d'abord un livre et de voir son adaptation au cinéma après ou le contraire ?
....
....

D. Je dis ce que j'en pense. Complétez vos réponses de C. avec des exemples personnels.
1. ....
2. ....
3. ....
4. ....

activité 195

Faites les soldes et vous payerez plus cher...
...avec la carte bancaire qui double les prix !

Vous avez profité du week-end pour faire les soldes samedi dernier et faire de bonnes affaires au Grand Magasin de Paris, boulevard des Bonnes affaires ? Attention ! Surveillez bien votre compte en banque ! Suite à un incident informatique venant de la Banque Française Nationale, les achats payés par carte bancaire ont été débités deux fois. L'information vient d'être confirmée par le GMP, qui a annoncé que tous ses clients concernés avaient été recrédités mercredi. « *Le problème n'a rien à voir avec le Grand Magasin de Paris,* a déclaré le responsable de la communication du GMP, *c'est un problème du service informatique de la BFN.* » Mais aujourd'hui, tout est rentré dans l'ordre et le service clients de la BFN s'est mis en relation avec le Grand Magasin de Paris pour une opération séduction. Souriez, c'est les soldes ! Tous les clients concernés se verront accorder une réduction supplémentaire de 10% sur le montant de leur prochain achat en période de soldes. Comme quoi, avec les soldes, vous ne pourrez jamais dire « dommage pour mon porte-monnaie » !

Paris Journal, 20 janvier 2005.

A. J'identifie le document.

1. Il s'agit :

    a. ❏ d'un courrier d'une banque à ses clients

    b. ❏ d'une publicité commerciale pour un service bancaire

    c. ❏ d'un article de journal

2. Le texte s'adresse :

    a. ❏ aux clients d'un grand magasin parisien

    b. ❏ aux lecteurs d'un journal

    c. ❏ aux clients d'une banque

3. Le sujet principal du texte concerne :

    a. ❏ les soldes dans un grand magasin à Paris

    b. ❏ un problème informatique concernant les clients d'une banque

    c. ❏ une offre commerciale pour les soldes

B. Je trouve le thème.
Cochez les thèmes qui sont évoqués en priorité par le texte.

    a. ❏ les vêtements

    b. ❏ la mode

    c. ❏ le tourisme

    d. ❏ les relations banques-clients

    e. ❏ les achats

    f. ❏ les habitudes de consommation

    g. ❏ les loisirs urbains

    h. ❏ l'argent

C. J'organise mes idées.
Écrivez les questions à vous poser pour parler de ce texte et pour construire votre présentation. Entraînez-vous à y répondre.

....
....

D. Je dis ce que j'en pense.
Complétez vos réponses de C. par des exemples personnels.

....
....
....
....

ctivité 196 *Voir page suivante.*

activité 196

PUB

Média 75

LE MAGAZINE GRATUIT DES FRANCILIENS

★★★★★
EVENT
ÉVÉNEMENT
★★★★★

Mercredi 19 Janvier 2005 - N° 900

Cahier
Emplois
Voir page 8

898
Petites Annonces
dans ce numéro

INCROYABLE !

Doublez
la mise !

Doublez la durée
de parution de votre annonce
1 semaine achetée = 2 semaines
de parution, 3 = 6 et 5 = 10

Promotion valable jusqu'au 28/01/05

Appelez vite au

01 44 67 5000

Offre soumise à condition, voir pages intérieures

Guide
des Artisans

Cahier
Ooh !

Votre dossier
Mariage 2005
préparé avec
Amour …

Mariage

Voir pages 22, 23

A. J'identifie le document.
1. Ce document est :

    a. ❏ une affiche publicitaire
    b. ❏ la page de couverture d'un magazine

2. Le document donne la priorité à des informations sur

    a. ❏ l'emploi
    b. ❏ le mariage
    c. ❏ les habitants de la région Île-de-France

B. Je trouve le thème.
Dans la liste ci-dessous, quels sont les thèmes qui peuvent être mis en relation avec le document ? Cochez-les.

    a. ❏ le couple
    b. ❏ la mode
    c. ❏ le stylisme
    d. ❏ l'amour
    e. ❏ le cinéma
    f. ❏ les relations hommes/femmes

C. J'organise mes idées.
Voici des questions pour vous aider à organiser vos idées. Essayez d'y répondre !

1. Qu'est-ce qu'une preuve d'amour ?
....
....
....
....

2. Quels sont les avantages et les inconvénients d'être célibataire ?
....
....
....
....

3. Y a t-il un modèle idéal pour vivre à deux?
....
....
....
....

D. Je dis ce que j'en pense.
Complétez vos réponses de C. par des exemples personnels.
....
....
....
....

activité 197

A. J'identifie le document.

Ce document est une publicité concernant :

    a. ❏ les bébés

    b. ❏ un appareil photo numérique

    c. ❏ un téléphone portable

B. Je trouve le thème.

Avec quels thèmes cette publicité a-t-elle un rapport?

    a. ❏ l'éducation

    b. ❏ la photographie

    c. ❏ les loisirs

    d. ❏ l'utilisation des nouvelles technologies

    e. ❏ la vie de famille

    f. ❏ le progrès technique

C. J'organise mes idées.

Répondez à ces questions pour organiser vos idées.

1. Qu'est–ce que le téléphone portable et les technologies multimédia ont changé dans la vie des gens ?

....

....

....

....

2. Le téléphone portable et les technologies multimédia n'ont-ils que des avantages ?

....

....

....

....

3. Quelle est la place du téléphone portable et des technologies multimédia dans ma vie ?

....

....

....

....

D. Je dis ce que j'en pense.

Complétez vos réponses de C. par des exemples personnels.

....

....

....

....

ÉPREUVES TYPES

1- Parler de soi
Entretien dirigé / présentation générale de soi

➤ activité 198

Exercice 1
Vous devrez, dans cette première partie de l'oral individuel, parler de vous, de vos activités, de vos centres d'intérêt, de votre passé, de votre présent et de vos projets. Cette épreuve vous permettra également de vous mettre à l'aise en parlant de vous-même.Elle se déroule en interaction comme un entretien informel entre vous et l'examinateur. C'est l'examinateur qui commencera le dialogue par une question du type :
Bonjour, pouvez-vous vous présenter, me parler de vous… ?

2- Prendre part à une conversation
Exercice en interaction / jeu de rôles en situation

➤ activité 199

Le jour de l'examen, vous choisirez un de ces deux sujets par tirage au sort.

Sujet 1
Une personne de votre entourage vous offre une opportunité très intéressante : elle vous prête gratuitement une grande et luxueuse maison dans une région touristique très attractive pour passer vos vacances. Vous pouvez aussi y inviter tous les amis que vous voulez. Vous téléphonez alors à votre meilleur(e) ami(e) pour lui proposer de partager ces vacances. L'examinateur joue le rôle de votre meilleur(e) ami(e).

Sujet 2
Pour fêter votre succès aux examens, vous décidez de partir en vacances avec un(e) ami étudiant. Mais vous n'êtes pas d'accord sur la destination, le type de vacances (culturelles ou sportives), le mode d'organisation (voyage individuel ou en groupe organisé avec tour-opérateur). Discutez-en pour prendre une décision. L'examinateur joue le rôle de votre ami(e) étudiant.

3- S'exprimer en continu
Monologue suivi

➤ activité 200
Pour chacun des deux sujets types, le candidat se servira de ces instructions :
Lisez attentivement le document que l'on vous a remis (vous avez 15 minutes). Vous allez présenter ce document au jury, puis discuter avec lui de son contenu (vous avez 10 minutes).
Pour préparer cette présentation, aidez-vous du questionnaire ci-dessous :

De quel genre de document s'agit-il (lettre, article, publicité, photo, etc.) ? À quoi le voyez-vous ?

Pourquoi a-t-il été écrit ? À quel public est-il destiné ?

Quel est son sujet principal ? Ou quel est le problème qu'il pose ? Quelles informations ou quelles idées vous paraissent particulièrement importantes ?

Comment réagissez-vous par rapport à ce document ? Qu'en pensez-vous ?

Sujet 1

Bien choisir son itinérance

Sport aventure ou **Voyage découverte ?**

Un programme **"Sport Aventure"** vous permet de découvrir une région ou un site naturel remarquable (massif montagneux, rivière, forêt, désert...) tout en pratiquant une activité sportive (raft, kayak, raid pédestre...) d'intensité plus ou moins importante.

VOYAGE DECOUVERTE Entre tourisme et sport, nature et culture, un programme **"Voyage Découverte"** vous fait parcourir plus d'espace, une région plus étendue, voire un pays tout entier, souvent en bus mais aussi en véhicule tout-terrain ou en bateau. Les activités sportives sont le plus souvent d'un niveau facile.

Sujet 2

AllianceFrançaise

Entrée libre

**Lundi 21 juin 2004
La Fête de la musique
à l'Alliance française
ouvert à tous !**

De 10h00 à 14h30
« LE FABULEUX DESTIN DE L'ACCORDEON»

Un atelier permettra de découvrir les origines chinoises
de l'accordéon et de jouer de cet instrument qui s'est fait
une place dans de nombreuses musiques populaires
de tous les continents.

A 12h30
concert du groupe
AÏWA

Un collectif fondé par 2 frères d'origine irakienne
qui allie **musique classique arabe (basse, derbouka,
daf) et musique électronique (tendances dub
et rap mâtinées de scratch).**
*« Le collectif Aïwa remonte jusqu'aux racines de l'humanité
pour la faire entrer en collision avec la modernité, donnant
naissance à une musique universelle qui voit
Oum Kalsoum tutoyer l'électronique »* Cod@ juin 2003.

**A l'Alliance française – 101 boulevard Raspail – 75006 Paris
M° : St Placide ou Notre Dame des Champs**

AUTO-ÉVALUATION

Vous avez fait les activités d'expression orale du DELF B1.
Dites ce que vous êtes capable de faire !

1. pour vous présenter
2. pour prendre part à une conversation
3. pour faire un exposé

Si vous répondez « pas très bien » ou « pas bien du tout », refaites les activités de la partie concernée.

	Très bien	Assez bien	Pas très bien	Pas bien du tout

➤ 1. Parler de soi : entretien dirigé

	Très bien	Assez bien	Pas très bien	Pas bien du tout
Je peux me présenter d'une manière générale.	❏	❏	❏	❏
Je peux parler de mon environnement quotidien.	❏	❏	❏	❏
Je peux parler de mes études, de mes activités professionnelles.	❏	❏	❏	❏
Je peux parler des mes loisirs.	❏	❏	❏	❏
Je peux dire depuis combien de temps j'étudie le français.	❏	❏	❏	❏
Je peux expliquer pourquoi j'étudie le français et prépare les examens du DELF.	❏	❏	❏	❏
Je peux parler de mes projets (travail, études, vie personnelle).	❏	❏	❏	❏
Je peux parler de certaines de mes expériences passées.	❏	❏	❏	❏

➤ 2. Prendre part à une conversation : exercice en interaction

	Très bien	Assez bien	Pas très bien	Pas bien du tout
Je peux comprendre une situation de communication de la vie quotidienne.	❏	❏	❏	❏
Je peux faire face à une situation inhabituelle de la vie quotidienne.	❏	❏	❏	❏
Je peux identifier et comprendre le rôle de chaque personnage dans une conversation.	❏	❏	❏	❏
Je peux identifier, comprendre, justifier des choix.	❏	❏	❏	❏
Je peux identifier ce que je dois faire pour réagir à une situation.	❏	❏	❏	❏
Je sais ce je dois dire en fonction de ce que je dois faire.	❏	❏	❏	❏
Je peux adapter mon comportement, mon attitude à une situation donnée.	❏	❏	❏	❏
Je peux adapter mes gestes, mon intonation, ma mimique à ce que je dis.	❏	❏	❏	❏

➤ 3. S'exprimer en continu / à partir d'un document déclencheur

	Très bien	Assez bien	Pas très bien	Pas bien du tout
Je peux associer un court texte à un thème de discussion.	❏	❏	❏	❏
Je peux associer une image à un thème de discussion.	❏	❏	❏	❏
Je peux associer un bruitage à un thème de discussion.	❏	❏	❏	❏
Je peux comprendre, analyser un texte pour dégager un thème de discussion.	❏	❏	❏	❏
Je peux comprendre, décrire une image pour dégager un thème de discussion.	❏	❏	❏	❏
Je peux me poser des questions à partir d'un texte pour organiser les idées de ma présentation.	❏	❏	❏	❏
Je peux me poser des questions à partir d'une image pour organiser les idées de ma présentation.	❏	❏	❏	❏

Crédits photographiques

63 ht © Topical Press Agency / Hulton Archive / Getty Images ; bas © Archive Holdings Inc. / The Image Bank / Getty Images

94 © Dan Chavkin / Stone / Getty Images

138 © Ilico / Photononstop

139 ht g © Jacques Loic / Photononstop ; ht d © Michel Gaillard / REA ; m g © Pierre Wellor / Reporters-REA ; m d © HPP / Renaud Visage / Fotostock / Hoa-Qui ; bas g © Mel Yates / Taxi / Getty Images ; bas d © Taxi / Getty Images

140 ht g © Jacques Loic / Photononstop ; ht m © Denis Boissavy / Taxi / Getty Images ; ht d © Altrendo Images / Getty Images ; m © Alan Kearney / Botanica / Getty Images ; bas © Caccuri / Contrasto-REA

141 ht © David Sacks / The Image Bank / Getty Images ; m © Camille Moirenc / Photononstop ; bas g © Ludovic / REA ; bas d © Arthur Tilley / Taxi / Getty Images

N° d'éditeur : 10195768 - Dépôt légal : février 2013
Achevé d'imprimer en France sur les presses de JOUVE, Mayenne - N° 2066152Y